Anton Kuh

Jetzt können wir schlafen gehen!

Zwischen Wien und Berlin

Eine kurzweilige
„Nachtlektüre"
für den Urlaub

Fröhliche
Weihnachten
Dir, mein Schatz
[illegible]

Dezember [illegible]

Anton Kuh

Jetzt können wir schlafen gehen!

Zwischen Wien und Berlin

Herausgegeben und kommentiert
von Walter Schübler

METROVERLAG

Ich würde mich schämen, im ersten Stock über Ausdruckstanz und Negerplastik zu disputieren, wenn im Parterre unter mir Menschen erschlagen würden.

(Anton Kuh: Physiognomik, Kapitel »Der Intellektuelle im Staatshaus«)

Inhalt

Von G'schaftlhubern und Betriebsamkeitsfritzen

Anton Kuh über »Wien–Berlin«

»Ob es mir in Wien gefällt? Auf diese Frage gebe ich keine Antwort – das wäre mein ganzes Lebenswerk.«[1] Auch wenn Anton Kuh eine Antwort auf die im Juni 1926 von der »Bühne« lancierte Rundfrage brüsk verweigert, als sei sie eine Zudringlichkeit, die ans Allerprivateste rührt, so hat er sie doch bereits gegeben: Er ist kurz davor nach Berlin übersiedelt – wo ihm »kein Typus so zuwider [ist] wie der Mimikry-Berliner aus Österreich«.[2]

Mit November 1918 und dem Auseinanderbrechen der Habsburgermonarchie war Wien vom Finanz-, Handels- und kulturellen Zentrum eines 52 Millionen Menschen umfassenden Reichs zur Hauptstadt eines Kleinstaats von sechseinhalb Millionen Einwohnern geschrumpft. Hyperinflation, Massenarbeitslosigkeit, Endzeit- und Katastrophenstimmung in der ehemaligen Donaumetropole, in der vom einstigen Nimbus der Leichtlebigkeit und Unbeschwertheit nichts mehr zu spüren war. In Kuhs Worten: »Nach Abwanderung der anderen Staaten aus dem Stammlokal ›Großösterreich‹«[3] war Deutschösterreich »am Marsch. (Phonetisch zu lesen.)«[4]

So sah das nicht nur ein Großteil der Bevölkerung des Reststaats, sondern auch die Provisorische Nationalversammlung, die am 12. November 1918 die Annahme der elf von Karl Renner verfassten Artikel des »Gesetzes über die Staats- und Regierungsform von Deutschösterreich«

beschloss. Artikel 2 lautet: »Deutschösterreich ist ein Bestandteil der Deutschen Republik.« Die verfassunggebende Nationalversammlung erklärte Deutschösterreich am 12. März 1919 neuerlich zu einem Teil der Deutschen Republik. Erst durch das Veto der Alliierten zum Anschluss an Deutschland im Friedensvertrag von Saint Germain am 10. September 1919 war die Anschlussfrage – bis zum Jahr 1938 – offiziell vom Tisch, aus der öffentlichen Diskussion verbannen ließ sie sich nicht.

Anfang der 1920er-Jahre setzt der Exodus der Wiener Intellektuellen und sogenannten Kulturschaffenden nach Berlin ein – verstärkt nach dem Ende der Inflation in Deutschland, 1923 –, wo sie bessere Arbeits- und Verdienstmöglichkeiten erwarten. Das Statistische Reichsamt über die Ausländerbewegung beziffert zum Stichtag 31. Dezember 1927 die österreichische Kolonie mit 26.218 Personen.

Anton Kuh kehrt seiner Geburtsstadt im Sommer 1926 den Rücken, um fortan »in Berlin unter Wienern statt in Wien unter Kremsern zu leben«[5]. Österreich ist, wie er meint, dabei, zu einer »Schweiz der Komfortlosigkeit«[6] zu verkommen; die Provinz, die darauf aus ist, die Metropole Mores zu lehren, dringt mit ihrer reaktionären »Seelensanierung« immer mehr durch.

Kuh flieht aus der stickigen Enge der Hauptstadt eines untergegangenen Großreichs in die weltstädtische Atmosphäre eines auf märkischem Sand hochgezogenen Klein-New York. Allerdings gesteht er 1930 in einem Interview, dass er, immer wenn er nach Wien zurückkommt, Angst habe, dieser »herrlichen Stadt der Ehrgeizlosigkeit« zu verfallen, die »im Gegensatz zum ordinären Berlin« – diesem »Ehrgeizknotenpunkt«[7] – »noch im Roßknödel feudaler« sei »als Berlin in seinem Streben nach dem Anglizismus«.[8] Trotzdem, so Kuh weiter: »Ich könnte heute nur in Berlin leben [...], weil Berlin jetzt in jeder Beziehung die freieste Stadt der Welt ist.«

Auch wenn Kuh Wien-Klischees immer wieder zerpflückt – etwa die Legende vom »süßen Wiener Mädel« sozialökonomisch dekonstruiert –, webt er doch konsequent am Netzwerk gängiger Topoi des »Wienerischen« weiter. Beinah wider besseres Wissen wird er nicht müde, bis in die späten 1930er-Jahre die Legende vom goldenen Wiener Herz zu verbreiten, obwohl ihm längst klar ist, dass die »Vermünchnerung des Wiener Bürgers« schon in die Zeit der Regentschaft Karl Luegers fällt, der den »Sumper präpotent und aggressiv gemacht hat«.[9]

Und auch wenn er schon im Jänner 1918, verärgert darüber, dass die Theaterzensur Stücke »welscher« Autoren von den Bühnen verbannt, Wien »die größte Kleinstadt deutscher Zunge« nennt,[10] wird er nicht müde, es als Bollwerk des Zivilen und Urbanen leidenschaftlich gegen die anbrandende Dumpfheit der Provinz zu verteidigen; tut das seiner Begeisterung für den Menschenschlag, der die unvergleichliche Atmosphäre und Lebensart seiner Geburtsstadt präge, für das Sinnenfreudige, Leichtlebige, »Romanische«, das »den Wiener« ausmache, keinen Abbruch.

Dabei ist das Heimelig-Lokale dezidiert Kuhs Sache nicht. Genauso wenig kann er sich für die in den 20er-Jahren um sich greifende Kakanien-Nostalgie erwärmen. Im

Gegenteil, die zunehmende publizistische Präsenz des »zeitabgebauten, morosen Bildungsspießers, der den Begriff Alt-Wien und die bodenständige Kultur [...] zum Protest gegen das politische Neu-Wien mißbraucht«, der, »ein Staberl hinterm Rücken, unentwegt auf die Bodenständigkeits-Pirsch« geht[11], widert ihn an. Diese von Kuh mit bedachtem Anklang »Antishimmyten« genannten Spießer, die in ihrem »Mißbehagen über gewisse Verfassungs- und Lebensformen der neuen Zeit« den Dreivierteltakt gegen den Shimmy ausspielen und den Donauwalzer zu ihrem Kriegslied erkoren haben,[12] sind mitverantwortlich für den Wandel Wiens von der weltstädtischen Metropole des Habsburgerreichs zur älplerischen Hauptstadt der Konkursmasse Rest-Österreich und damit für das Weggehen Anton Kuhs.

»Wien« und »Berlin«, das sind nicht nur die Namen zweier Städte, das sind darüber hinaus Chiffren für Kulturen.[13] In den 1920er-Jahren ist die Gegenüberstellung von Donau- und Spreemetropole als Gegenüberstellung zweier Kulturen derart im Schwange, dass, wenn Arthur Kahane im Mai 1926 einen Text im »Berliner Börsen-Courier« »Die beiden Städte«[14] betitelt, jeder sofort weiß, welche zwei Städte nur gemeint sein können.

»Wien« ist intuitiv und gefühlsbetont, »Berlin« ist rational und analytisch; Wien ist behäbige Muße, Berlin ist »Betrieb«, Dynamik, Tempo; Wien ist gemütliche Schlamperei, Berlin ist preußische Organisation und Disziplin; Wien ist behagliches Savoir-vivre, Berlin gilt der Genuss des Daseins als Sünde und Zeitverlust; Wien ist – glorreiche, aber eben doch – Vergangenheit, Berlin – zwar lärmende und in Arbeit und Schweiß dampfende, aber eben doch – Zukunft.

Auch Kuhs Stadtporträt in der Berliner »Revue des Monats«, »Wien. Wie die Stadt war und wie sie ist« (1927) – von deutschen Zeitungen wird Kuh gern als »Wien-Sachverständiger« in Dienst genommen –, kommt um das notorische Thema »Die zwei Städte« und um die klischeehafte Opposition »Donauphäaken« versus »Spreespartaner« nicht ganz herum. Schon bei seinem ersten Besuch in der deutschen Reichshauptstadt im September 1918 stellt er, Wiener Verhältnisse gewohnt und daher verwundert über die zufriedenstellende Versorgungslage, den klaglos funktionierenden Betrieb der öffentlichen Verkehrsmittel und das weltstädtische Gepräge, das Berlin sich auch im fünften Kriegsjahr bewahrt hat, implizit einen Vergleich zwischen Wiener und Berliner an, der zwar abgedroschene, aber durch Augenschein bestätigte Klischees bemüht: »Der Berliner, als sachlicher Nordländer [...], bestimmt seine Organisation persönlich mit und betrachtet sie als wechselsichernde Übereinkunft. Aber er sieht sie auch nicht als Mode an oder Eiserne-Zeit-Pose. Er markiert nicht g'schaftelhuberisch und dilettantisch den ›Geist der Ordnung‹, sondern [...] hat die praktische Vernunft.«[15] Und in der physiognomischen Mentalitätsstudie »Verlängerung des Bürgersteigs oder ›Vater leih mir die Scher‹ bei der Opernkreuzung«, die unter Kuhs Feder zu einer hochkomischen Groteske gerät, dient als Kontrastfolie zum Wiener Schlendrian ebenfalls der preußische Drill.[16]

Anton Kuh hat es, als er nach Berlin geht, nicht nötig zu antichambrieren, Klinken zu putzen, mit Manuskripten in der Tasche von Redaktion zu Redaktion zu hetzen, ganze Nachmittage bei »Jädicke«, einem Kaffeehaus vis-à-vis dem Ullstein-Verlagshaus, zu sitzen ...[17] Kontakte hat er während eines sechsmonatigen Aufenthalts in der Spree-Metropole von Herbst 1919 bis Frühjahr 1920 geknüpft, die renommierten Hauptstadt-Zeitungen »Voss« und »Berliner Tageblatt« drucken seit Jahren seine Texte (nach), der »Querschnitt«, das »intellektuelle Journal des Luxus und der Moden der Weimarer Republik«[18], zählt ihn seit August 1925 zu seinen regelmäßigen Beiträgern. Es ist nicht an ihm, anzuklopfen, man lädt ihn vielmehr zur Mitarbeit ein, etwa das mondäne Magazin »Die Dame«, bei dem er, kaum in Berlin angekommen, unter dem zweideutigen Titel »Die erste Nummer« seinen Einstand gibt.

Auch als Stegreifredner ist Kuh bereits wiederholt in Berlin aufgetreten, zum ersten Mal im Februar 1920. Die »Vossische Zeitung«, die sein Berlin-Debüt noch sehr verhalten angekündigt und leise Zweifel am Ruf geäußert hatte, der ihm vorauseilte, lag tags darauf angesichts seiner fulminanten Bühnenwirkung auf dem Bauch: »*Anton Kuh*, Aufmischer aus Wien. Mensch gewordener Nerv. Zerplatzender Intellekt. Fakir, der sich die Nadeln gespitzter Gedanken aus dem Gehirn zieht. Aeußeres Format: grotesk, schlank, mähnig; aus der Gasse E. T. A. Hoffmann, Zacharias Werner. Hält in der Berliner Sezession einen Vortrag über das Litfaßsäulen-Schlagwort: Sexuelle Revolution. Doch das ist nur ein Vorwand [...]. Eigentlich ist sein Vortrag eine Berg- und Talbahn durch Deutschland. Eine rasende und rasselnde Fahrt an Abgründen vorbei; und Anton Kuh steht an der Kurbel des Betriebwagens

[...]. Eine Conférence. Die beste vielleicht, die je gehalten wurde; mit dem Zerebralton der Ueberzeugung, durch ökonomisch und fein dosierte Posen gewürzt, unheimlich klug, prachtvoll mutig; Feuerwerk, bei dem scharf geschossen wird. Die Worte wie von Wehen vorgetrieben; Demonstrationsgeburt von ausgereiften Gedanken und Schlüssen. Nur eine Conférence: eine, an die man denken wird; aus der andere Bücher, Theorien, Lehrstühle errichten würden.«[19]

Trotzdem ist das Berlin des Jahres 1926 keine »g'mahte Wiesn« für Kuh. Legion sind zwar die Stimmen, die ihm attestieren, dass er zu den wenigen Podiumsartisten gehört, die auch etwas zu sagen haben; dass seine blendenden Formulierungen, scheinbar Einfälle des beschwingten Augenblicks, in die Tiefe gehen, und, wie die ganze Art seines Vortrags, abseits vom Lehrhaft-Langweiligen, scharf präzisiert und mit wirklichem Witz, der vom Geist und nicht vom Willen zum Amüsement herkommt, getränkt sind – trotzdem wird er bisweilen despektierlich als Schaumschläger apostrophiert. Erstaunlicherweise und gehäuft ausgerechnet nach der »Ueber die Grenzen des Erlaubten oder Külz und Kunst« betitelten Matinee, in der Kuh auf Einladung Theodor Taggers im frisch renovierten Berliner Renaissancetheater am 30. Jänner 1927 unter anderem über das »Schmutz-und-Schund«-Gesetz von Reichsinnenminister Wilhelm Külz spricht, eine scharfe Polemik gegen den »gesetzlich geschützten Normalmenschen«. Während in der »Vossischen Zeitung« tags darauf zu lesen steht, dass von Kuhs »mit urmimischer Rhetorik anderthalb Stunden lang aus dem Aermel geschossenen Einfällen ein Dutzend ›Literaten‹ mehrere Jahre leben könnten«, ist eine der Besprechungen mit »Wiener Mittagsschmus« überschrieben, in einer weiteren von »egozentrischen Arabesken« und von einer »Wiener kaffeehausliterarischen Welteinstellung« die Rede. – Berliner Kaltschnauzen, die dem zugewanderten Wiener Dampfplauderer die Schneid abkaufen? – Mitnichten. Sondern das uralte Phänomen vom Bauern, der das Kreuz nicht grüßt, weil er den Herrgott noch als Birnbaum gekannt hat. Soll heißen: das tiefsitzende, aus Neid und Missgunst gespeiste Ressentiment, das die aus der Donaumetropole zugewanderten Hundertschaften und mittlerweile berlinisch Maskierten an die Spree mitgebracht haben. Oder, wie Kuh selbstbewusst zuspitzt: das (Angst-)Gegeifer von im Berliner Literatur-, Theater- und Filmbetrieb werkenden Zweite-, Dritte- und Vierte-Garnitur-Wienern gegen den Neuankömmling aus der ersten Garnitur.

Kuh macht seinem Ärger nicht nur in einer Polemik mit dem Titel »Der Wiener in Berlin und der Berliner aus Wien«[20] Luft und rechnet mit jenen Zuag'rasten ab, die seinen Külz-Vortrag runtergeschrieben haben, er zieht die »eingeführten ›Größen‹ intellektueller Meinungsmacherzunft« in seinem nächsten Berliner Vortrag, »Der Snob von Berlin«, in einer Matinee am 9. Dezember 1928 durch den Kakao – nicht den Snob selbst, für Kuh eine unvermeidliche Erscheinung großstädtischen Distinktionsbedürfnisses – und stellt gerade die »österreichische Invasion«, die in Berlin bestens bezahlten Anschluss gefunden hat, als »Snob-Bediener« hin, jene kleinen Wesen mit der großen Schnauze, die geistige Terrains mit einer Unumschränktheit zu beherrschen haben, die ihrem geistigen Fundament nicht im Mindesten entspricht. Wenn Leopold Jessner mit seiner Ankündigung: »Richard III. wird bei mir *ohne Bart* gespielt!« vermeint, eine neue Epoche inszenatorischen Genies einzuläuten, mag das noch angehen als Vermessenheit, die man belächeln kann. Zum Weinen indessen die Snob-Bediener, die aus Angst, sie könnten als vertrottelt gelten, lauthals verkünden: »Endlich weht frische Luft, der Staub fällt von den Kulissen – Richard III. ohne Bart ... Un-er-hört!«[21]

Und beinah pflichtschuldig attestiert man Kuh nach dieser Kopfwäsche ausdrücklich, dass man ihm unrecht tue, »wenn man ihn nur als Spaßmacher von Geistes Gnaden gelten lässt. Er *hat* etwas zu sagen«[22]; dass er (in einer Matinee vom 16. Februar 1930 im Deutschen Künstlertheater zum Thema »Sachlichkeit und Erotik«) »in die Tiefe ging und geradezu wissenschaftlich eine neue Art von Philosophie, nämlich lebendige Philosophie brachte«[23]; dass er »dahergeschritten [kam] im Doktorhute und eine Dissertation über die Sachlichkeit« sprach.[24]

Mit der Stegreifrede »Schwanneke oder Die Pleite des Geistes« setzt Kuh am 15. Dezember 1929 im bis auf den letzten Platz gefüllten Deutschen Künstlertheater das »Szene«- und insbesondere das Prominenten-Bashing fort. In dieser Sonntagsmatinee steht ein bekennerischer Kuh auf der Bühne, ein fanatischer Ankläger, den »der Betrieb« melancholisch gestimmt hat, der nicht geistreichelt und süffig anekdotisch ist, sondern »die Not seines Herzens [...] anklagend hinausschreien« muss.[25] Er wettert gegen die

»grammophonhafte Selbstzwecklichkeit« seiner Zeit, die »eine Oekonomie der Wirkung ohne Wesen« habe, die »die Wirklichkeit verloren« habe und somit auch den Geist, den er als die Essenz der Wirklichkeit betrachtet.[26] Er kritisiert die Ansprüche gewisser Kino-, Rundfunk-, Presse-, Theater- und anderer Prominenten von rechts und links auf »geistigen« Nimbus in Grund und Boden, wettert gegen die Pleite jener »Geistigen«, »die ihre traurigen Geschäfte unter das Schlagwort Kultur stellen. Hier ist der Geist nicht mehr der ›Atem der Wirklichkeit‹ (wie Kuh sagt), sondern ein Wort zu Propaganda-Zwecken, Propaganda in eigener Sache, soll heißen: Person.«[27]

Er zieht rüstig vom Leder gegen seine ganz besondere *bête noire*, den umtriebigen geistigen Plebejer, die häufigste Erscheinung unter den »Geistigen« der Zeit, den repräsentativen Typus, dem es nur um eins geht: Geltung, Prominenz. Gegen die linksradikale Pose der ethischen Entrüstung, die es sich in gut dotierten Redakteurs- oder Kommentatorposten bequem gemacht habe, von den herrschenden Mächten unschädlich nicht gemacht, sondern freiwillig ins Joch gekrochen. Das Ergebnis: »eine Pseudowirklichkeit des öffentlichen Geistes, der sich wunder wie kühn und frei dünke, weil er sich mit Fetzen realistischer Wahrheiten drapiert«.[28] Wahrer Geist sei immer oppositionell und paktiere nie und nimmer. Dass er eine »Bartholomäusnacht der Intellektuellen« anregt, hindert die zahlreichen Intellektuellen im Publikum nicht daran, tosenden Beifall zu spenden.

Um einiges weniger souverän reagiert man auf seinen Vortrag im Literaten- und Szenelokal »Schwanneke« in der Rankestraße, in der die »Pleite des Geistes« dem Stammgast Kuh zufolge ihren »redseligsten und beredtesten Ausdruck findet« und die er in seinem Vortrag als »die Dreckmuschel« bezeichnet hatte, »in der der Ozean Prominenz rauscht«. Dort verhängt man den Bann über ihn. Der Wirt, der Schauspieler Viktor Schwanneke, erteilt Kuh sechs Tage nach dem Vortrag im Auftrag der Stammgäste-Clique – ein Typus, den er offenbar treffend beschrieben hatte – Lokalverbot.

Neben der wienerischen Neidgesellschaft hat Kuh bei seiner Übersiedlung nach Berlin eine weitere Hypothek im Gepäck: »Kraus und die Folgen«, genauer: »Karl Kraus und die Krausianer«. Kuh machte sich schon in Wien einen Sport daraus, Kraus zu frotzeln, und er betreibt das in Berlin munter weiter. Unter dem Titel »Der Rundreise-Befreier« berichtet er im Mai 1928 im »Neuen Wiener Journal« vom schwachen Besuch der acht Vorlesungen, die Kraus Ende März, Anfang April des Jahres im Berliner Schwechten-Saal gehalten hat – selbst das spärlich erschienene Publikum habe nur durch Nötigung seitens der Berliner Kraus-Gemeinde und durch großzügiges Verteilen von Freikarten zum Erscheinen bewegt werden können –, und veräppelt im Vorbeigehen in einem prophetischen Zusatz in runden Klammern die Prozesshanselei und Berichtigungsmanie Kraus': »Doch siehe – oder gar nicht siehe, vielmehr: siehste! – die Säle waren halb und dreiviertel leer. (Zu berichtigen – aber zu beweisen.)«[29] Oskar Samek, Rechtsanwalt und von Kraus damit beauftragt, gegen das »Neue Wiener Journal« eine Klage auf »Widerruf dieser unwahren Behauptungen und Veröffentlichung derselben einzubringen«, da es in der »Kampflinie« seines Mandanten liege, »derartige Ungehörigkeiten der Presse durch gerichtliche Verfolgung feststellen und sühnen zu lassen«, begehrt von der Konzert-Direktion Hermann Wolff und Jules Sachs Auskunft über die Saalauslastung und die Anzahl der ausgegebenen Freikarten.[30] Und muss nach Kenntnisnahme der detaillierten Aufstellung von einer Berichtigungsklage absehen – »die Säle *waren* halb und dreiviertel leer«.

Eine Kraus-Tangente hat auch das Gewitter, das drei Jahre darauf über Kuh hereinbricht. Verschandelung[31], Vergewaltigung[32], »sadistischste Roßkur an einem träumerischen Volksgenie«[33]: die Kritiker lassen kein gutes Haar am »Lumpacivagabundus [...] in freier Bearbeitung von Anton Kuh«, der am 28. Mai 1931 an der Berliner »Volksbühne« Premiere hat.

Die politisierte »Zauberposse mit Gesang«, ist, an der »Dreigroschenoper« geschult, auf neue Sachlichkeit gebürstet worden. Die Aufführung ist »verpreußt«, sie klingt, »wie wenn jemand sagt: das Dee-arndel; der Buapp«, ätzt Alfred Kerr[34]. Die Regie von Arthur Maria Rabenalt – träge, lähmend, zähflüssig – sorgt für drei endlos lange Stunden Langeweile. Für das – aus Kritikersicht – Desaster verantwortlich gemacht wird der anscheinend »durch Spreewasser ins Berlinische umgetaufte«[35] Wiener Anton Kuh.

In einer Klarstellung, die Kuh an mehrere Redaktionen adressiert, drückt er generell sein Missfallen über die »Entwienerung« aus, über die Verschiebung von Dialog und Figuren aus dem Heiter-Legeren ins Düster-Präzise, darüber, dass man den ganzen zweiten Akt szenisch mit Stumpf und Stiel zusammengehackt hatte, über die Freiheiten, die sich der Regisseur seinem Textbuch gegenüber genommen hat.[36]

Verwundert über die Nestroy-Sachverständigkeit, die unter den Berliner Kritikern plötzlich ausgebrochen ist,[37] tröstet er sich damit, dass die Intentionen seiner Bearbeitung in der Volksbühne-Aufführung nicht weniger unkenntlich gemacht wurden als der originale »Lumpacivagabundus« – dergestalt, dass ein Nestroy-Kenner wie der Theaterkritiker der »B. Z. am Mittag«, Paul Wiegler, ein wörtlich aus Nestroy übernommenes Couplet des zweiten Aktes als eine »Nummer im Berliner Kabarettstil« bezeichnete.[38]

Über eins kann sich Kuh nicht hinwegtrösten: dass sich unter die »Sachverständigen«, die ihn angepflaumt haben, zu allem Überdruss auch der Kraus-Adlatus Rolf Nürnberg gemischt hatte, bei dem Kuh – ganz offenbar nicht zu Unrecht – argwöhnt, Karl Kraus habe ihm die Feder geführt. Weil in Berlin schon der Witz kursierte: »Vom ›12 Uhr Blatt‹ schickt der Kraus den Nürnberg in die Vorstellung«, hatte sich Kuh eine Woche vor der Premiere telefonisch an den Chefredakteur gewandt, um ihm klar zu machen, der journalistische Anstand verbiete es, dass Rolf Nürnberg die Premiere bespreche. Da Kraus sich gebärde, als habe er ein Monopol auf Nestroy und Nestroy-Bearbeitungen; und da die über die Jahre gepflegte Feindschaft zwischen ihm und Kraus auch in Berlin stadtbekannt sei, werde Nürnberg unter allen Umständen zu dem Schluss kommen müssen, dass Kuhs Bearbeitung »ein Scheißdreck« ist.[39] Kraus führte zudem einen Prozess gegen die Volksbühne, um weitere Aufführungen seines vorzeitig abgesetzten Stücks »Die Unüberwindlichen« zu erzwingen.

Kuh wird zugesichert, man werde Nürnberg ersuchen, das Referat abzugeben. Und es will ihm aufs Erste tatsächlich scheinen, dass der mit »Rolf Nürnberg« unterzeichnete Verriss gar nicht von diesem stammt, sondern – von Karl Kraus höchstpersönlich. Denn der von Spott und Hohn triefende Premierenbericht zeuge von derart stupenden Kenntnissen nicht nur Nestroys, sondern auch des Wienerischen, dass alle Indizien darauf hindeuten, dass Kraus, hinter zwei Masken verschanzt: der Unterschrift »Rolf Nürnberg« und, über seinen Schatten springend, schlechtem Deutsch, sich persönlich dazu herbeigelassen habe, am »12 Uhr Blatt« mitzuarbeiten.[40]

Im Interview mit der »Wiener Allgemeinen Zeitung« vom 1. März 1930 malt Kuh Berlin nicht nur ins Schöne. Es sei ihm dort auch etwas Entsetzliches passiert, flachst er: »Ich muß nämlich in Berlin Einkommensteuer zahlen. Die korrekten Deutschen haben nicht daran vergessen. Ich werde mich aber dafür in entsetzlichster Weise rächen, denn ich gehe daran, die preußisch-deutsche Staatsbürgerschaft zu erwerben.«

Diese Revanche sollte ihm nicht mehr glücken. – Kuh trifft am Montag, dem 6. Februar 1933, früh mit dem Nachtzug aus Berlin kommend in Wien ein, um drei Tage darauf im Mittleren Konzerthaussaal unter dem Titel »Schützet Franz Joseph!« über Kaiser Franz Joseph als Bühnenfigur und die Hintergründe der Kaiser-Franz-Joseph-Mode auf dem Theater zu sprechen.

Zwei Stunden improvisiert Kuh über das alte Österreich, jenes »Paneuropa im kleinen«, die Franz-Joseph-Renaissance, die Schwächen der Demokratie, die franziszeisch-josephinische »Nobelbureaukratie«, die das genaue Gegenteil der aktuellen »Pöbeldiktatur« gewesen sei ... Und zwei Stunden hindurch schlagen Braunhemden im bis auf den letzten Platz gefüllten Saal Radau, pöbeln das Publikum an, krakeelen – »weil man es dem ›Juden‹ schon zeigen wollte. Und dem ›Intelligenzler‹«.[41] Kuh bricht mit dem Fazit ab: »Flüchtet nicht in die ›besonnte‹ Vergangenheit, um euch daraus eine schoene Zukunft zu ertraeumen – denn die Zukunft wird nicht schoen sein, sondern steht mit blutroten Zeichen am Horizont!«[42]

Darüber, wie die kurz vor der endgültigen Machtübernahme in Deutschland stehenden Nationalsozialisten mit »Kulturbolschewiken« seiner Couleur verfahren würden, gab er sich keinen Illusionen hin. In seinem letzten Beitrag zur »Vossischen Zeitung« vom 29. Jänner 1933 über Stendhal und dessen Zensoren brachte er unmissverständlich zum Ausdruck, dass »Intelligenzler« wie er, anders als Stendhal vonseiten der altösterreichischen Bürokratie, vonseiten der »in Freiheit losgelassenen behördlichen Domestiken« des NS-Staats nicht mit Schonung rechnen dürften.[43]

Berlin ist ab diesem Zeitpunkt kein Thema mehr für Kuh. Harry Graf Kessler gegenüber äußert er am 6. Juni 1933 in Paris, »er habe alle Bande zwischen sich und Deutschland zerschnitten, jeden Gedanken, sich irgendwo oder irgendwie eine Tür zur Rückkehr offenzuhalten, aufgegeben. Nur so, durch diesen restlosen Verzicht, könne man vermeiden ›Emigrant‹ zu werden. Seine Verwurzelung im alten Deutschland bleibe, zum neuen kulturlosen, brutalen Hitler-Deutschland habe er garkeine inneren Beziehungen, wozu solle er sich solche einbilden oder fingieren?«[44]

Ganz anders Wien: Gleich, ob Kuh nun in Hinkunft von Paris, London – wo er bis Mitte 1936 vorwiegend lebt – oder von New York aus (ab 1938) die Vorgänge in seiner Geburtsstadt kommentiert, tut er das bis (beinahe) zuletzt nicht als indifferenter Zaungast, sondern weiterhin als, mit Verlaub, verzweifelt Liebender. Am 10. März 1938, kurz vor dem »Anschluss«, hält Kuh ihr in der »Neuen Weltbühne« einen Nachruf (gerade noch) zu Lebzeiten[45] – allerdings hatte schon sein Kommentar zu den Ereignissen des Februar 1934 in der Pariser Illustrierten »Vu«, in dem er dargelegt hatte, dass mit dieser romanischen Stadt das letzte Bollwerk gegen die deutsche Barbarei gefallen sei, den Titel »La fin de Vienne« getragen.[46] Als der durch Baldur von Schirach abgelöste ehemalige Reichsstatthalter und Gauleiter von Wien, Josef Bürckel, am 10. August 1940 zum Ehrenbürger der Stadt Wien er- und der Dr.-Ignaz-Seipel-Ring (der heutige Dr.-Karl-Renner-Ring) in Josef-Bürckel-Ring umbenannt wird, ermuntert ein Bekannter Kuh, der seit Mai 1938 in New York lebt, dieses Ereignis zu kommentieren. Der wimmelt ab: »›hören Sie mir mit Wien auf! Sie wissen, dass es diese Stadt schon lange nicht mehr gegeben hatte, bevor sie für uns aufhörte.‹« Das Thema »Bürckel-Ring« gebe nichts her – außer der Erkenntnis, wie wenig ihn die Stadt, in der man ungestraft die »Rülps-Interjektion: ›Bürckel!‹« auf die Ringstraße schmieren darf, noch angeht – »›und wieviel mehr dagegen der Central-Park, der Times Square und die Fifth Avenue ...‹«[47]

Walter Schübler

Endnoten

1 Ohne Titel [Antwort auf die Rundfrage »Gefällt es Ihnen noch in Wien?«]. In: Die Bühne, 3. Jg., Heft 84, 17. Juni 1926, S. 26.

2 Anton Kuh: Österreicher gegen Österreich. Ein Brief an die Redaktion. In: Pester Lloyd, 78. Jg., Nr. 20, 25. Januar 1931, Morgenblatt, S. 2–3, hier S. 3.

3 Anton Kuh: Österreichs Umsturz, gesehen durch drei Temperamente. I. Wien. In: Der Querschnitt, 8. Jg., Heft 12, Dezember 1928, S. 834–837, hier S. 834.

4 Anton Kuh: Hoch die Palatschinken! In: Prager Tagblatt, 43. Jg., Nr. 255, 2. November 1918, Morgen-Ausgabe, S. 2.

5 Anton Kuh: Der unsterbliche Österreicher. München 1931, Vorwort, S. 9.

6 Ebd., S. 7.

7 Anton Kuh: Grabrede auf einen Intendanten. In: Die Weltbühne, 26. Jg., Nr. 3, 14. Januar 1930, S. 97–100, hier S. 99.

8 all.: Anton Kuh über Wien-Berlin. Der »feudale Roßknödel«. In: Wiener Allgemeine Zeitung, 51. Jahr, Nr. 15525, 1. März 1930, S. 3.

9 Anton Kuh: Lueger (Gestorben vor 15 Jahren). In: Die Stunde, 3. Jg., Nr. 602, 11. März 1925, S. 5.

10 Anton Kuh: Zwei Verbote. In: Der Morgen. Wiener Montagblatt, 9. Jg., Nr. 4, 28. Jänner 1918, S. 7.

11 Anton Kuh: Sagt man »Schlieferl«? Eine gelehrte Untersuchung. In: Die Stunde, 1. Jg., Nr. 223, 29. November 1923, S. 3.

12 Anton Kuh: Strauss-Walzer als Gesinnung. In: Berliner Tageblatt, 58. Jg., Nr. 266, 8. Juni 1929, Morgen-Ausgabe [S. 2].

13 Siehe dazu: Christian Jäger, Erhard Schütz: Städtebilder zwischen Literatur und Journalismus. Wien, Berlin und das Feuilleton der Weimarer Republik. Wiesbaden 1999, hier S. 9.

14 Arthur Kahane: Die beiden Städte. In: Berliner Börsen-Courier, 58. Jg., Nr. 219, 13. Mai 1926, 1. Beilage, S. 5–6.

15 Anton: Warum geht's in Berlin? Nach Informationen durch Bürgermeister Reicke. In: Der Morgen. Wiener Montagblatt, 9. Jg., Nr. 38, 23. September 1918, S. 5–6, hier S. 5.

16 Anton Kuh: Verlängerung des Bürgersteigs oder »Vater leih' mir die Scher« bei der Opernkreuzung. In: Neues Wiener Journal, 30. Jg., Nr. 10.373, 3. Oktober 1922, S. 4.

17 Siehe zu diesen Erfahrungen: Alexander Stern: Der Weg zurück. Von Berlin nach Wien. In: Der Morgen. Wiener Montagblatt, 23. Jg., Nr. 32, 8. August 1932, S. 8.

18 Ulrich Weinzierl: Hofmannsthal. Skizzen zu seinem Bild. Wien 2005, S. 47.

19 ls.: Sexuelle Revolution. In: Vossische Zeitung, Nr. 106, 27. Februar 1920, Morgen-Ausgabe [S. 3].

20 In: Neues Wiener Journal, 35. Jg., Nr. 11.928, 6. Februar 1927, S. 10–11.

21 Zitiert nach: K.: Die Komödie: / »Der Snob von Berlin«. In: Der Tag [Berlin], Nr. 296, 11. Dezember 1928, nicht paginiert.

22 –ei–: Stunde mit Anton Kuh. In: Vossische Zeitung, [Post-Ausgabe] Nr. 301, 18. Dezember 1929, Unterhaltungsblatt, Nr. 295 [S. 3].

23 H. Str. [Heinz Stroh]: Anton Kuh spricht ... Im Deutschen Künstler-Theater. In: Berliner Börsen-Zeitung, 75. Jg., Nr. 81, 18. Februar 1930, Morgen-Ausgabe, [Beilage] Kunst – Welt – Wissen, Nr. 41, S. 8.

24 K.: Anton Kuh über Sachlichkeit und Erotik. Deutsches Künstler-Theater. In: Der Tag [Berlin], Nr. 42, 18. Februar 1930, nicht paginiert.

25 Heinz Stroh: Anton Kuh. In: Berliner Börsen-Zeitung, 75. Jg., Nr. 586, 16. Dezember 1929 Abend-Ausgabe, S. 3.

26 Ebd.

27 Dbd. [Bernhard Diebold]: Stegreif-Conférence. In: Frankfurter Zeitung, 74. Jg., Nr. 948, 20. Dezember 1929, Abendblatt, nicht paginiert.

28 –ei–: Stunde mit Anton Kuh. In: Vossische Zeitung, [Post-Ausgabe] Nr. 301, 18. Dezember 1929, Unterhaltungsblatt, Nr. 295 [S. 3].

29 Anton Kuh: Der Rundreise-Befreier. Karl Kraus übersiedelt nach Berlin. In: Neues Wiener Journal, 36. Jg., Nr. 12.396, 27. Mai 1928, S. 8.

30 Brief vom 7. Juni 1928, Samek-Akten in der Druckschriftenabteilung der Wien-Bibliothek, Signatur: C 148.074.

31 Hans Feld: Nestroy – stark geschminkt. Volksbühne. In: Film-Kurier, 13. Jg., Nr. 123, 29. Mai 1931, nicht paginiert.

32 Julius Knopf: Der entzauberte Nestroy. »Lumpacivagabundus« in der Volksbühne. In: Berliner Börsen-Zeitung, 76. Jg., Nr. 244, 29. Mai 1931, Abend-Ausgabe, S. 3.

33 M. H.: Nestroys »Lumpazi-Vagabundus«. In der Volksbühne. In: Vorwärts, 48. Jg., Nr. 246, 29. Mai 1931,Abend-Ausgabe, nicht paginiert.

34 Alfred Kerr: Lumpacivagabundus. Volksbühne. In: Berliner Tageblatt, 60. Jg., Nr. 249, 29. Mai 1931, Abend-Ausgabe, nicht paginiert.

35 M. H.: Nestroys »Lumpazi-Vagabundus«. In der Volksbühne. In: Vorwärts, 48. Jg., Nr. 246, 29. Mai 1931, Abend-Ausgabe, nicht paginiert.

36 Anton Kuh: Lumpazi, ich und die Anderen. In: B. Z. am Mittag, 55. Jg., Nr. 127, 4. Juni 1931, Erstes Beiblatt [S. 2].

37 Anton Kuh: Der geschändete Nestroy. In: Die Weltbühne, 27. Jg., Nr. 25, 23. Juni 1931, S. 920–924, hier S. 920.

38 P.W. [Paul Wiegler]: Der »Lumpazivagabundus« der Volksbühne. Nestroy, revidiert von Anton Kuh. In: B.Z. am Mittag, 55. Jg., Nr. 122, 29. Mai 1931, Erstes Beiblatt [S. 3].

39 Anton Kuh: Diktatur des Jüngels. In: Neue Revue, Ende Juni/Juli 1931, S. 216–221, hier S. 219.

40 Ebd..

41 Piero Rismondo: Anton Kuh und die »Freigelassenen«.Zu seinem gestrigen Vortrag im Konzerthaus. In: Wiener Allgemeine Zeitung, 54. Jahr, Nr. 16410, 11. Februar 1933, S. 4.

42 Robert Breuer: Anton Kuh: »Schützet Kaiser Franz Josef!« In: Das blaue Heft, 12. Jg., Nr. 15, 1. März 1933, S. 469.

43 Anton Kuh: Wabruschek / Das Genie und der Profoß. In: Vossische Zeitung, Nr. 49, 29. Januar 1933, Morgen-Ausgabe, Unterhaltungsblatt Nr. 29, [S. 2-3]; erstgedruckt in: Der Wiener Tag, 12. Jg., Nr. 3478, 23. Jänner 1933, S. 6].

44 Harry Graf Kessler. Das Tagebuch 1880–1937. Hg. von Roland S. Kamzelak und Ulrich Ott. Neunter Band: 1926–1937. Hg. von Sabine Gruber und Ulrich Ott (= Veröffentlichungen der deutschen Schillergesellschaft, Bd. 50.9), S. 580.

45 Anton Kuh: Wien. In: Die neue Weltbühne, Der Weltbühne 34. Jg., Nr. 10, 10. März 1938, S. 313–315.

46 Anton Kuh: La fin de Vienne. In: Vu, 7e année, No. 310, 21 février 1934, p. 253 (Traduit de l'allemand par Stefan Priacel).

47 Yorick [d.i. Anton Kuh]: Ein schlechtes Thema. In: Aufbau, Vol. 6, No. 35, August 30, 1940, p. 4.

[Ohne Titel]

In einem wunderbaren, alle Wien-Feuilletons und Wien-Essays im Keim enthaltenden und sie himmelweit überragenden Aufsatz hat Ferdinand Kürnberger eine Parallele zwischen Wien und Paris gezogen, die sich (bis auf das Großstädtische) erstaunlich gleichen. Man erinnert sich daran bei der Lektüre eines Berichtes, der die Wirkung des letzten Pariser Bombardements schildert und unmittelbar neben dem Satz: *»Gegen Mittag irrten Hunderttausende auf der Suche nach Nahrung herum«* den andern liest: *»Viele Theater spielten in Kellern.«* Wahrhaftig, das sieht – Wien ähnlich! Hunderttausende irren auf der Suche nach Nahrung herum – aber die Theater spielen auch in Kellern. Das Theater ist wichtiger als das Leben. Und wenn eine Sintflut käme – man spielte auf Schiffen oder in Unterseebooten. Die Vergnügungssucht hängt sich mit verzerrtem Gesicht noch an einen Strohhalm. Am ganzen Leib zitternd und ängstlich zur Türe spähend, hält sie ihr Rituale. Denn wenn der Schein einmal vorüber wäre, wär's mit der Wirklichkeit auch hin. Paris – Wien. Hebt euch die gedruckten Berichte für Eventualfälle (Erdbeben usw.) auf! Ihr findet in ihnen dann das »Bild der Stadt«. Paris – Wien. Paris ist verspielt, Wien – aber wozu beleidigen?

Der Morgen. Wiener Montagblatt, 9. Jg., Nr. 13,
1. April 1918, S. 7 (Anton)

Café de l'Europe

Es befand sich – wie männiglich bekannt – auf dem Stefansplatz, neben dem Rothberger und vis-à-vis von der Gotik, im idealen Mittelpunkt der Stadt. Der Standort war Charakter, Eigenart, Spezialität, Schicksal – des Cafés? Ja. Aber noch mehr der Stadt. Keine Kirche in ihr ohne Café, kein Café ohne Kirche. Café, Kirche – das war ihr Wahrzeichen. So gehörte ihr Hauptplatz teils dem traulich-winkeligen, idyllisch-engen Mittelalter, teils der weltstadtregen, pariserisch-balkanischen Neuzeit. Der Stefansturm vertritt die Traulichkeit, die Enge, das Mittelalter. Das Café de l'Europe vertrat die Weltstadt, Paris, den Balkan – gerade dem Turm gegenüber. Das bewirkte seinen topographischen Reiz, der sich besonders nächtlich wirksam entwickelte. Strahlendes Halbwelt- und Betriebslicht gegenüber den Konturen historischer Finsternis, Schwätzen und Schweigen auf einem Fleck. Unter dem Schatten Rudolfs des Stifters (aus dem Hause Babenberg), Sobieskis und des Grafen Starhemberg beschwindelten sich armenische Juden, traf sich internationaler Geschäftssinn und Liebestrieb, liebäugelten und schäkerten Korso-Offiziere, tänzelte am Arm eines Galan die Mizzi Schmidt (die man nachmals auf mysteriöse Art ermordet fand) oder die junge von ihrem Vater verkuppelte Comtesse Veith ...

Das Café de l'Europe hatte einige merkwürdige Eigenschaften. Zunächst war es bummvoll, sommers und winters und zu welcher Tageszeit man es betrat. Denn es war kein Aufenthalts-, sondern ein Durchgangscafé. Die Glastüre im Eingang drehte sich ununterbrochen, Tag und

Nacht, und oft konnte man während einer Stunde denselben Hut, denselben Bart, dieselbe Diebsnase zehnmal in Rotation sehen. Man kam schauen und ging. Das kalte Weißlicht, der tosende Wellenlärm, durch den, wie Spielmotorboote im Teich, zischend und auf die Seite geneigt, hochbeladene Kellner schnellten, lud nicht zu Behagen. Zweitens: von hier ging das Zitat aus »Ende nie«. Das Café de l'Europe war ein großstädtisches *perpetuum mobile*, ein Wunder der Rastlosigkeit und Unaufhörlichkeit und als solches auf Nachtfürchtige und Todesängstliche beruhigend wirkend. In der Früh saßen Uebernächtige und Ebenaufgestandene an einem Tisch und sahen sich aus fernen Welten an; jene mit hellseherisch-überschärftem, wegscheuem Verachtungsauge, diese feuchtwimperig, frischgewaschen, rosenbackig, voll überlegenem Neid – zwei Rassen: Tag- und Nachtmensch, Lüderjan und Bürger, einander widersprechend wie Lackschuhe auf tauigem Almgras.

Die interessanteste Zeit aber war um 3, 4 Uhr morgens. Da saß etwa, in ein Journal vertieft, ein glattgescheitelter, schüchterner Jüngling, blickte von Zeit zu Zeit unruhig nach der Drehtür, bis der Schwarm aufgedonnerter und hochgeraffter, Parfümströme ausgießender Damen einbrach und eine von ihnen sich seinem Platz näherte. Er stand artig auf, küßte ihr die Hand, hängte ihren Pelz an den Nagel, setzte sich wieder verlegen zu seinem Blatt, während sie seinen Handrücken koste. Dann schob sie ihm sachte ihr Réticule zu – und er zahlte. Wieviel solcher Bilder hat Peter Altenbergs nachtseitiger Anmut zugewandtes, mit Verhängnistiefblick begnadetes Auge hier nicht gewahren dürfen! Er lernte für seine Apologie des Zuhälters.

Das Café de l'Europe ist jetzt gesperrt worden. Eine Bankfiliale soll an seine Stelle kommen. Der Stefansplatz wird wieder rein-christlich (bis auf den Rothberger) und keusch-bajuvarisch – das Wahrzeichen für Paris und Balkan schwindet. Ist das nicht zukunftsdeutend für Wien, die deutsch-österreichisch eingeschrumpfte Ex-Hauptstadt eines in Kaffeehäusern vereinten Völkerstaats? Ist es nicht symbolisch für seine Rückentwicklung in eine knödlig-biedere, werktätig-solide Kleinstadt? Das deutsche, von slawischen und magyarischen Bestandteilen gesäuberte Wien schwingt sich mit kühnem Ruck auf die Höhe von Linz. Rudolf der Stifter lächelt: nicht bloß, daß die Stadt seine Farben trägt, hat sie ihm auch das ärgerniserregende Lokal vor seinem Dom hinweggeräumt.

Prager Tagblatt, 43. Jg., Nr. 296,
21. Dezember 1918, MA, S. 2–3 (–uh)

Klein-Wien und Groß-Stockerau

Notizen von der Woche

Nun kommt also, in letzter Weltgeschichtsstunde, Wien doch noch zu seiner Ehre. Was im Zeitenschoße vorbestimmt war, erfüllt sich: Wien wird reichs- und weltunmittelbar, ein eigener geographisch-politischer Begriff, eine Insel im Staatenmeere. Herzogtum Wien unter der Enns.

Was war es auch bisher? Eine Weltstadt, die keine Hauptstadt, eine Hauptstadt, die keine Großstadt war. Ein Schild über dem Geschäfte uneiniger, raufender Kompagnons, willkürlich befestigter Kopf auf zehn Rümpfen. Eine brave Alpenstadt, in die ein Mischmasch fremder Völker einfloß, mit der Zeit in die Breite gebläht und in die Höhe getrieben, um Lustbarkeit fröhlich gesellt, ein Teil deutsch, ein Teil slawisch, ein Teil anders, nichts als rumorender Selbstzweck – die größte, imposanteste Kleinstadt der Welt.

Dies sonderbare Schicksal, außerhalb des Staates zu liegen, dessen Haupt sie war, ergab ein Zweites: auch außerhalb der Zeit zu liegen. Die Verzehrungssteuergrenze zog einen Strich zwischen Wien und der jeweiligen Jahreszahl. Und das von 180 n. Chr. (Marc Aurel) bis 1919. Bis zum Schluß hob und senkte der Chineser im Prater, unberührt vom Weltgeschehen, seinen segnenden Finger – ein Denkmal, das sich die Stadt einst im tiefsten Selbsterkennen setzte. Und gerade da erklärten sich manche Rätsel und Wunder der Stadt. Kein Zweifel: mit ihr war von Gott etwas Metaphysisches gemeint. Der gedachte in ihr der Welt den Geist der Unveränderlichkeit auf ewig zur Schau zu stellen.

Kann sich die Bestimmung schöner versinnbildlichen als in der geplanten Arealvergrößerung Wiens zu einem regelrechten Land gleichen Namens, in seiner Umwandlung zum selbständigen, eigenberechtigten Staate? Nach Rathauswünschen soll auch Stockerau dazu gehören, Tulln, Korneuburg, Liesing und Fischamend, auf daß die Stadt in Hinkunft ihr eigenes Warenmagazin um sich habe und sich aus eigenem Boden speisen könne. Wien wird ein Staat im Staate. (In welchem, ist noch zweifelhaft.) Damit geschieht dem Sinne nach freilich nichts Neues. Längst ehe an Deutschösterreich der Neutralisierungsvorschlag erging, war Wien neutralisiert. Es sah unbeteiligt und gleichgiltig auf das Spiel der Nationen, die ihm im Guten und Schlechten als Fremde galten, schaltete sich gern von allem aus, was sie entzweite und einte.

Und da nun auch Stockerau Wien geworden, braucht sich Wien nicht mehr zu schämen, im Lästerermund »Stockerau« zu heißen.

*

In der Stadt, die selbst ein wirklichkeitsüberlebendes Symbol war, überlebten die Symbole bisher die Wirklichkeit.

Es gab kein Leben mehr, aber es gab einen Korso.

Es gab keine Monarchie, aber es gab monarchische Kreise.

Es gab keinen Adel, aber es gab feudale Zirkel.

Es gab nichts zu essen – aber es gab einen Sacher.

Das war ja das Idyllische und Eigentümliche, was wie ein unterirdisches Fortleben von »Kultur« wirkte, daß Begriffe auf eigene Faust ihr Leben fortfristeten, die offiziell und von Rechts wegen gestorben waren; daß die in der Luft hängenden Symbole der Vergangenheit Kulissen der Gegenwart blieben. Das war ihre muntere, halb windige, halb kulturvolle Eigenart.

Der Begriff »Sacher« war am 8. November 1918 offiziell tot erklärt worden.

Noch offizieller am 16. Februar 1919.

Und doch gab es einen Sacher, ein Bristol, ein Mozart-Restaurant. Lebensart läßt sich schwerer verabschieden als Verfassung und Dynastie.

Darum ist die Schließung jener Gaststätten wesentlicher, umstürzender als alles, was ihr vorausging. Sie bedeutet die Absperrung des Terrains, auf das sich die frühere Gesellschaft und frühere Zeit zurückzog. Sie ist die radikalste Aeußerung unseres »Bolschewismus«.

Aber da sich auch der Bolschewismus in Wien zum »Leben und Lebenlassen« bekennt, wird der Sacher wohl nicht für immer geschlossen bleiben.

*

Doch hängt das vorderhand noch von der Volkswehr ab.

Sie ist bis jetzt eine strenge Gleichheitspolizei, achtet mit Sorgfalt auf die Unterbindung des repräsentativen Lebens, duldet nicht, daß das Auge der Not durch das Ueberleben des Luxus gereizt werde.

Bis auch der Luxus in Not ist, wird ihr Regime milder sein.

Der Neue Tag, 1. Jg., Nr. 1,
23. März 1919, MA, S. 4 (Anton)

Das Soda-mit-Himbeer-Dasein

Dem Fremden, der in dieser Zeit das große kleine Wien betritt, verdichten sich alle Eindrücke zu dem einen Symbol: Soda mit Himbeer.

Menschen kriechen wie Maden zwischen heißgebackenen Mietkerkern und saugen aus dem verschrumpften Riesenleib der Stadt die allerletzten, tropfenspärlichen Säfte; eine Handvoll Chemikalien, scheint es, genügt, das Bild großstädtischen Lebens und Webens fortzuerhalten; ein paar Milligramm Eiweiß, Kohle und Phosphor, auf den Kopf berechnet und aus jedem Magen röntgenhaft sichtbar, garantiert noch immer den Fortgang der Tragikomödie: Weltstadt. Ein Wunder der Scheinvegetation, ein Schauspiel blütentreibender Welkheit.

Die Unterernährtheit trägt aber ein graziöses Knopfloch-Blümchen. An den Kaffeehaustischen, hinter Spiegelscheiben und zwischen Efeutöpfen, gruppieren sich neueste Schnitte, die Pepita-Muster, Bügelfalten um ein rot moussierendes Getränk. Ehmals fungierte es auf rosa verwaschenen Standkarren als Selbstmörder-Trankel. Ein Glas ohne – 3 Kreuzer, mit – 5 Kreuzer. Das staubtrokkene Elend feuchtete damit seine Bazillen an. Heute ist es das letzte dekorative Genußmittel, das der Luxus dem Mangel abgerungen hat. Ein kühlendes, süßliches, zellulosefarbiges Nichts, aus dem Vergilbte und Zerknitterte »Großstadtbewußtsein« schlürfen. Hinten: Staub, Fäulnis, Hunger – vorne: in der Spiegelscheibe, einladend und artig: ein Glas Soda mit Himbeer.

Und das Merkwürdige: es kommt hier nur auf dieses Glas Soda mit Himbeer, als Mittel und Preis des Lebens, an. Was schiene das sonst für ein Widerspruch, daß auf einer Bettlerinsel Tausende mit guten Röcken und Allüren beim Nachmittagskonzert sitzen?! Daß gefälschte Banknoten soviel schwelgerische Triebkraft zeigen?! Mit dem schweren politischen Geschütz würdet Ihr umsonst dagegen auffahren! Denn das Dasein, das Ihr erschaut, hoch auf den Zinnen von Luxus und Müßiggang, ökonomisch und soziologisch unerklärlich – es ist ein Soda-mit-Himbeer-Dasein. Die vielen und abervielen, die noch immer gut rasiert und vergnügt, die Beine übereinandergeschlagen, sie wollen bloß in der Auslage des Lebens sitzen. Sie klammern sich an den Strohhalm, aus dem man das Soda mit Himbeer saugt. Sie leben nicht, sie warten. Ihr Rock, ihr Fleisch, ihr Atem – alles unecht. Echt ist nur das Soda mit Himbeer vor ihnen. Und auch das besteht aus Selterswasser und »Himbeerol«.

Gibt es ein besseres Symbol für Wien?

Der Morgen. Wiener Montagblatt, 10. Jg., Nr. 28,
14. Juli 1919, S. 7 (Anton)

Berlin

Wie ich vernehme, soll Berlin in eine Metropol-Film A. G. verwandelt werden. Die Einwohner werden, soweit sie nicht für Max Reinhardts Zirkus als Jakobiner, Griechen und Azteken Verwendung finden, gegen ein Honorar von 2 Mark täglich als Passanten engagiert.

*

Die Bewohner Berlins zerfallen in zwei Teile: solche, die noch keine Filmidee haben, und solche, die dennoch den Kaffee schuldig bleiben. Die restlichen leben von dem Kredit, den sie als »finanzielle Leiter des Unternehmens« den beiden anderen verweigern.

*

Das Schild der Kunstverlagsbuchhandlung »Der Sturm« (im eigenen Wasserglas), Potsdamer Straße 122 c, ist schräg mit den Anpreisungen überschrieben: Futurismus, Kubismus, Expressionismus. Es fehlt noch: Jamaika-Rum, Südfrüchte und in- und ausländische Weine.

*

Die Berliner Untergrundbahn ist ein Verkehrsmittel zum Lebenszweck. Will heißen: man setzte sie erst einmal auf. Das Geschäft dazu wird sich schon finden!

*

Ein beliebtes Vehikel, *notabene*, ist der Mensch. Er verkehrt täglich, im Sommer und Winter, ohne Unterbrechung von 5 Uhr früh bis 5 Uhr nachts und befördert Sorgen, die keinen Unterstand haben.

*

Berlin eine Stadt? Nein, eine Annahme – etwa wie die mit Erklärungs-Täfelchen versehene Szene Shakespeares. Auf jedem Haus steht »Haus«, auf jeder Brücke »Brücke«, auf jedem Baum »Baum«. In dieses Stadt-Modell ergießt sich der Verkehrsstrom wie der Strahl des in Betrieb gesetzten Riesenspringbrunnens in den Behälter. Wenn Streik ist und das Wasser abrinnt, liegt ein kaltes, trockenes Becken da, in dem nicht einmal die Pferde Spuren ihres Leibens und Lebens hinterlassen.

*

Wenn Jesus in Berlin erstünde ...

Richard Oswald und Joe May führten einen Prozeß. Es gäbe ein Kaufhaus des Glaubens. Der Heiland würde nicht gekreuzigt.

Nicht? Herr Friedrich Kayssler läse zum zehnten Mal vor ausverkauftem Saal aus den »Korinthern«.

*

Eine neue Sorte von Hochstaplern gibt es (sie nennen sich »Dadaisten«): die Stammel-Hochstapler. Sie geben vor, nichts zu sagen zu haben, sagen das Nichts aber so sachlich – daß sie die Logik des Satzbaus weniger blamieren als der Satzbau der Unlogik *sie.* In der Zeitung wird zu lesen sein: »... wurde der lang gesuchte Hochstapler Dada

Sandor Fekete-Singer verhaftet. Er gab sich seit langem für einen Kretin aus ...«

*

Auf den Berliner Friedhöfen gibt's keinen Totentanz. Die *p. t.* Bestatteten sind mit der Tätigkeit des Nichtseins so sehr überlastet, daß sie keine Zeit hatten, einander kennenzulernen.

Prager Tagblatt, 45. Jg., Nr. 81,
4. April 1920, S. 21 (Anton Kuh)

Nasen und Pelze

Wenn am vergangenen Donnerstag, dem großen Spiegelscheibentag, Schlag 4 Uhr ein Fremder am Bahnhof angekommen wäre und den Rapport eines Einwohners gehört hätte: »Geben Sie acht! Die Innere Stadt wird zerschlagen! Alle Scheiben hin, alle Auslagen zertrümmert! Das Volk stürmt die Hotels! 10 Milliarden Sachschaden!« – was wäre seine nächste Frage gewesen? »Wie viel Tote? Wie viel Schwerverletzte?« Antwort: Kein Toter, kein Schwer-, nicht einmal ein richtiger Leichtverletzter. Man hat Wien, das geduldige, das gutmütige, das kultivierte und was weiß ich noch bei allen passenden und unpassenden Gelegenheiten mit solchen Attributen bedacht, aber es ist keinem Zeitungsschreiber eingefallen, jene Tatsache als Charaktersymptome festzustellen, obwohl es sich an einem Tage blindester Zornentartung zeigte, also schwerer wiegt als in gebändigten Zeiten. Diese Humanität des Exzesses – man kann es ruhig so nennen – war sein wienerischer Lichtpunkt, war der Beweis, daß auch der Mob hierzulande aus einem tiefen Talent der Lebensfreude heraus plündern kann, ohne bestialisch zu werden. Sir Goode, der ausgeraubte Missionschef, konnte in seinem Bericht an dieser Tatsache nicht vorbei. Und eine nackt ausgeplünderte Passagierin des »Bristol«, die Schreiber dieser Zeilen wenige Minuten nach dem Abzug der Plünderer nach dem Hergang fragte, hatte noch genug Humor, hervorzuheben, wie einer der Burschen ihr eine Ohrfeige versetzen wollte, was ein anderer, ihm in den Arm fallend, mit den Worten hinderte: »Schamst Di net – a Frau?« Merk's Berlin, merk's München, merk's Budapest!

Die Erscheinung hat ihre ethnographischen und politischen Gründe. Das Wiener Volk ist ein durchaus sinnliches und freudiges. (Und sehr wahrscheinlich kommt diese Tatsache, entgegen den völkischen Reinrassigkeitsidealen, von seinem Mischlingstum. Wie melancholisch und mürrisch ist ein Windspiel und wie lebensfroh ein Bastardl!) Dieses Volk fühlt keine unüberbrückbare Kluft zwischen einem Untalent zur Freude und dem physiognomisch ausgeprägten Talent dazu bei wenigen anderen, es haßt nicht die Genußfähigkeit, sondern die Hemmnissse des Genusses, es beneidet die andern nicht um die Lebenskunst, sondern um die Lebensmittel. Essen, trinken, lachen, lieben kann es selber – aber das Geld dazu fehlt ihm. Daher kommt es ihm bei Exzessen auf den Pelz des Mitmenschen an, nicht auf seine Nase. Die Nase kann er behalten – der Pelz muß heraus! Wie anders anderswo! Da ist die Nase das Provokante, das Gesicht und der Habitus, der ein perfides, gescheites Lebenkönnen verrät. Da kommt die Revolte nicht aus dem Mangel an Besitz, sondern aus dem Haß gegen die, die etwas mit ihm anzufangen wissen! Da ist der Aufruhr bestialisch-unerbittlich und richtet sich gleich gegen die körperlichsten Mittel der Lebensfreude, zumal, wenn die Gehaßten in deren Gebrauch den anderen über sind. ... Andere Schichten – andere Revolten. Kommen sie aus einem um das sinnliche Lebensglück geprellten und mit goldenen, idealistischen Popanzen für eine kümmerlich-käsige Lebensführung entlohnten Volke – kommen sie aus einer halbzerschundenen, strapazierten, zu Gehorsam gedrillten und auf Mord eingeübten Söldnerschichte oder aus bureaukratisch-verschimmelten, auch *mit* Pelz fröstelnden Individuen – dann wehe euren Nasen! Sie werden ihre an den hehren Idealismus verlorengegangene Kunst, zu essen, zu trinken, zu lachen und zu lieben an euren Gesichtern nähren!

Nachschrift: Diese Zeilen waren geschrieben, bevor Herrn Paul *Bussons,* des »Neuen Wiener Tagblatt«-Schulaufsatzlers Feuilleton über den Donnerstagsexzeß erschienen war. Diese feiertägliche und scheinheilige Gedankenlosigkeit von sechs Spalten über das Thema »Armes, liebes Wien!« ist bemerkenswert. Herr Busson, der sich nämlich auf der einen Seite über die beklagenswerten Vorgänge erschüttert zeigt, beklagt auf der anderen, daß sie nicht von jenen Schichten ausgingen, denen es sich um die Nasen und nicht um die Pelze handelt. Nachdem er in jenem Primusstil, der statt »Gipfel« – »Firnen«, statt »strahlend« – »gleißend« und statt »Jagd« – »Weidwerk« sagt – und diese Geschraubtheit offenbar für den Tschimborasso der Deutschheit hält – sein Thema über Einleitung und Punkt *a, b,* und *c* der Ausführung hinweggebracht und seinen Schmerz gebührend ausgeweint hat, entringt sich ihm der Stoßseufzer über das »hereingeschwemmte Gesindel, das sich hier frechmäulig breit macht« und das auch den Menschenfreund zum Nachdenken darüber bringe, »ob nicht genug Haselnußstauden in Niederösterreich wachsen«. Das heißt: Herrn Busson ist zu viel gestohlen und zu wenig gepeitscht (oder gehängt?) worden. Gibt es etwas Kennzeichnenderes für die obig geschilderte Mentalität der Schichten, die den Donnerstagsexzeß, sagen wir: in München, Budapest oder Berlin veranstaltet hätten? Herr Busson, der zum Schluß noch der Stadt anrät, »deutscher« zu sein, welcher Ausdruck nunmehr in seinem Sinn nicht mehr zweifelhaft ist ... gehört zu ihnen. Er beklagt es, kurz gesagt, in seinem sich als Traumsang gebenden Vademekum »zwecks Anleitung von richtigen Exzessen«, daß man es hier nicht gemacht hat, wie man es in seiner Vaterstadt getan hätte. Herr Busson ist nämlich, was hier nicht bloß bildlich gemeint ist: ein Grazer. Armes, liebes Wien ...

Wiener Mittags-Zeitung, 71. Jg., Nr. 277,
6. Dezember 1921, S. 2 (Anton Kuh)

Die Wiener Maßeinheit

»Die Wiener Maßeinheit«, ließ sich unlängst ein sehr seriöser und mißvergnügter Herr vernehmen, »ist nicht die Elle, der Fuß, der Zoll, das Pfund, sondern das Viertel – das Viertel Wein. Es ist Maßeinheit unseres Lebens wie anderswo der Laib Brot.« Ein Ausspruch von wohlfeiler Wahrheit. Wer das Volk von Wien kennt, das Gespräch der Leute hört, den Rednern in noch so linksradikalen und ultrasozialistischen Versprechungen lauscht, wird als Kehrreim der Not immer den Hinweis hören: »Wie soll man sich heutigentags noch ein Viertel Wein zahlen ...« – »Ein Viertel Wein z. B. kost' schon 600 Kronen« usw. Wäre Wien ein Kafferndorf – ein Siedlungstypus, von dem es ernsten Vorhalten zufolge nicht weit entfernt sein soll –, als Einheit des Naturaltausches gelte nicht der Elefantenzahn und nicht das Bund Stroh, sondern jenes berüchtigte Viertel. Denn der Wiener hat die merkwürdige Beschaffenheit, als Lohn der Arbeit nicht die Erhaltung *für* die Arbeit anzusehen – sondern die Freude.

Mag sein, daß das Viertel Wein nicht gerade Symbol der vornehmsten, edelsten Qualität »Freude« ist; daß es mehr den stellvertretenden Wert des Katzenjammers und Galgenhumors hat. Aber wer erkühnt sich unbedenklich – von den ernsteren Einwänden der Volksgesundheit und Vererbungstheorie abgesehen – einem Menschenschlag, dessen Liebenswürdigkeit, Humanität, Lebenskunst und innere Freiheit weltsprichwörtlich sind, eines jener Symptome zu untersagen, die dem Ganzen angehören und aus dem Ganzen gerissen, seine übrige Änderung zur Folge der Voraussetzung hätten. Wer traut sich in so kulturverworrener Zeit zu entscheiden, auf wessen Seite das Recht ist: auf der des Laibes Brot, inklusive braver Arbeit, oder des Viertels Wein samt Zubehör? Mindestens ist ja die Welt unaufhörlich daran, die alte Lesebuchmoral des Lebens Lügen zu strafen. Die Musterknaben müssen Jahr um Jahr zuwarten, ob ihre Zeit kommt.

Dies ist natürlich kein Wort für den Wein und die Lebensauffassung des »Vierterls«. Denn sie macht die österreichische Errettung täglich unwahrscheinlicher, ist die Feindin jener verzichtenden Mühsal, durch die uns, wie man sagt, allein zu helfen ist. Aber es bleibt doch ein Pech, daß gerade ein so lust- und trinkbegabtes Volk, ein Volk, das zum Nichtstun so eminent, ja geradezu sizilianisch talentiert scheint, durch eine Laune der Geschichte sich vernördlichen und ertüchtigen und in die Richtung der entgegengesetzten Lebensart sich bewegen soll: der Arbeit und des Ernstes. Es ist notwendig – kein Zweifel. Unbestreitbar, daß Wien sonst noch mehr auf den Hund käme. Aber man muß sich dagegen verwahren, daß dieser Zwang als höhere Tugend ausgespielt wird, man muß jenen moralischen Schwätzern das Wort abschneiden, die des Volkes glückliche Fähigkeit nicht teilen und die Ungunst der wienerischen Zeiten zum Anlaß nehmen, die Genußenthaltung über das Politische hinaus noch als »moralisch« zu proklamieren. Gewiß ist das Maß des Berliner Lebens mit seinem vorbildlichen Fleiß, seiner Tüchtigkeit und Nüchternheit die Butterstulle, wie das des wienerischen das Viertel Wein. Aber man vergegenwärtige sich, womit sonst noch Butterstulle und Viertel Wein zusammenhängen! Daß die Butterstullenwelt kalt, begrifflich, unfroh, in ihren Freudeversuchen läppisch-roh und aus all diesen Gründen unrettbar-sklavisch ist, wohingegen das ominöse, dreimal vermaledeite österreichische Viertel immerhin in einer Luft wächst und zu einer Gemütsart hilft, wo der alte Sang erklingt: »I kenn kan Neid!«

Nehmt ihnen meinethalben das Viertel – aber beklagt sie, statt sie zu beschimpfen!

Der Morgen. Wiener Montagblatt, 13. Jg., Nr. 24, 12. Juni 1922, S. 5 (Anton)

Zweierlei Wien

Es gibt ein gedrucktes Wien (das Wien des Zeitungspapiers und der politischen Protokolle) und ein wirkliches Wien.

Merkmal des gedruckten – damit ich sofort mit einer Paradoxie beginne – ist, daß es selbiges nicht gibt.

Merkmal des andern: daß man nicht will, daß es sei.

Das gedruckte und das wirkliche Wien, sie standen immer gegeneinander. Wie hatte das letztgenanntes zu entgelten.

1914 z. B. Das gedruckte Wien – eingewanderter böhmisch-mährisch-schlesischer Redaktionspathetiker, übergeschnappter Geschichtstrunkenbolde aus der Provinz, martialischer Mittelschul-Phraseure – schrieb und schrie: Hoch der Krieg! Hoch der Treubund! Eherner Wall und erzerne Wehr!

Das wirkliche Wien, wie immer zum Blick des Seehundes verurteilt, sah sich an und nahm jene widerspenstigen Worte in seinen weichen, würde-abholden Mund. Es tötete aber allsogleich ihren Inhalt durch phonetische Unorthographie. Seine Zunge schleifte durch den gedruckten Kot (von »Schulter an Schulter« bis »unverbrüchlich«) und nahm sich an Klang und Schall mit, was es zur kriegsmüden Adjustierung der Stammtischluft brauchte.

1915 akzeptierte es »Durchhalten!« als ärarisches Fremdwort für »Aushalten«.

1917 rief das gedruckte Wien: »Kein Parlament! Komotau! Eger! Asch! Straßburg und Triest!«

Das wirkliche Wien, durch Christlichsoziale und Sozialdemokraten repräsentiert, war gegen »Deutschböhmen«

machtlos. Aber es leistete ihm wenigstens nicht Sukkurs, den einzigen Abgeordneten Patai ausgenommen, der sich vom Heurigen ins Herrenhaus begab und dort zu den Klängen eines unsichtbaren Volkssängerquartetts eine Veteranenfahne entrollte.

Es kam der Kaiser-Briefwechsel. »Brav!« sagte das wirkliche Wien. »Er will a Ruah hab'n!« Das gedruckte Wien aber bekam eine Marquis-Posa-Wallung. Kaiserliche Räte sprachen vom kaiserlichen Verräter. Und dieweil Heimkehrer ausriefen: »Lieber von an Russen g'fangen als mit an Preußen im Schützengrab'n!«, wogte auf dem Druckpapier der Rhein, der Rhein, der deutsche Rhein!

So kam es zu 1918. Das wirkliche Wien zahlte, was das gedruckte verschuldet. Aber verschwand dieses nun vom Erdboden? Nein! – Es hatte noch eine Friedensmission. Es rüstete sich scheinbar zum Sterben, aber schon flüsterte es nach zwei Tagen Bewußtlosigkeit ein Genesungswort: »Ansch – –« Wien horchte, hielt den Atem an, wollte ausbessern; »Ansch – –«. Nein – da kam es heraus: »Anschluß«. Seit jenem Tag sagt der Wiener »Anschluß«, wie er früher »durchhalten« sagte und »Schulter an Schulter«. Nur daß die Erfahrung in den Tonfall des Wortes ein paar Fragezeichen verschmolzen hat.

*

Dem wirklichen Wien begannen sich, trotz Kronenkurs und Banknotenfälschung, die Pulse zu regen. Die erdrückte Freude blühte auf. Engländer, Franzosen, Italiener jubelten – nicht aus Valutagründen allein –: »Die schönste Stadt der Welt!« Wiens Weiblichkeit, durch den Krieg massakriert, nahm Rache. (Es ist nirgends sonst geschehn.) So kam Wien zu seinem Sinn: Keine Männer-, eine Frauenstadt zu sein.

Natürlich wurde dabei gelottert und Zeit vertan. Aber die moralisch-politische Aufregung darüber war nicht für, sondern gegen Wien gerichtet. Sie kam nämlich jetzt, nachdem der Sektionschef-Staat Oesterreich zerfallen war, weniger von den paar übriggebliebenen Sektionschefs der Feder und des Wortes als von Konzipisten, Diurnisten, Auskultanten. Der schlechterbesoldete, rangstiefere Nachwuchs aus der Provinz (wozu hier auch Steiermark, Kärnten und Tirol gerechnet sei) erbitterte sich nicht vielleicht unter der Devise: »Schön wär's – aber wir können es uns nicht leisten!« – er bekämpfte ein Talent, keinen Zustand und machte unter dem Deckmantel einer Notpolitik eine Politik gegen die Freude. »Zeitauswuchs«, sagte er und meinte nicht einen kostspieligen Luxus, sondern sein dürftiges Manko – seine Fähigkeit, sich eher am Ruf »eherner Wall und erzerne Wehr!« als an schönen Frauen zu erhitzen. Er bekämpfte Wien unter Vorspiegelung großer Sorge um Wien.

Das gedruckte Wien war gräßlich anzusehen. Eine Stadt verquälter, kaswangiger Subalterner, unter Valutatrümmern ächzend, voll Neid und Gehässigkeit.

Das wirkliche Wien lachte im Elend. Den Krieg los zu sein galt ihm mehr, als den Frieden verfälscht zu genießen. Der Freude anderer als Domestik, Türenlungerer und Trinkgeldnehmer beizuwohnen, höher als der Neid; ein Fußballmatch mehr als Sanierung und Anschluß.

Möglich, daß es materiell anders besser wäre; aber selbst der Leichtsinn wird zu einem Wert, wenn er eine Sabotage aller hochtönenden und zuletzt immer nur gegen den Menschen gerichteten Politik bedeutet.

Das gedruckte Wien ergab eine merkwürdige Front: der Ueberzeugungsschnorrer gegen den Schnorrer wider Willen! Die Kräfteaufteilung ist sonderbar genug: Hie die Allianz von Genießern, ernsthaften Arbeitsmenschen, die sich mit der Wissenschaft vom Geld abplacken, Habenichtsen, die aus der Staatsnot keine politische Tugend machen – dort die bürokratischen Scheinarbeiter und Parasiten, der idealistische Schnorrer unter Patronanz der besitzverschleiernden, reichlich mit Zeitung und öffentlicher Meinung ausgestatteter Großunternehmer. (Eine ihrer gemeinsamen Fronten heißt: »Kulturbund« und setzt sich im Wesen die Politisierung der Devise: »Walzer contra Foxtrott!« zum Ziel.)

Das wirkliche Wien besteht aus tschechisch-bajuvarisch-madyarischen Mischlingen, Urwienern aus Gänserndorf und Retz und Galizianern. Das papierne und gedruckte stammt aus den deutschen Zonen ehemaliger Kron- und den Grenzzonen jetziger Bundesländer. Jenes will leben und bleiben. Dieses spricht unentwegt vom »Untergang«, sein Hassesauge sieht an Stelle der wunderbaren Fremden- und Weltstadt: Graz, Linz, Klagenfurt.

So ist der unterirdische Kampf zwischen dem gedruckten und dem wirklichen Wien – früher ein Duell Komotau contra Wien – heute ein Ländermatch Graz : Wien.

Das gedruckte sagte: »Burgenland!« Das wirkliche erwiderte: »Surgenland!«

Das gedruckte rief am Tage der Enteignung Oedenburgs quer über die erste Seite den Wienern zu: »Ruhig Blut!« Das wirkliche, beim Kaffee sitzend, drehte sich auf den Alarmruf um: »Was ist denn los?«

Das gedruckte sagt mit faustdicken Lettern: »Empörung, Haß – Galgen – Unruhe der Bevölkerung.«

Das wirkliche, noch so schwer getroffen, staunt, zu lesen, wie empört und unruhig es ist.

Daher werden die Wiener Redaktionen unausgesetzt aus Prag antelephoniert, was denn um Gottes willen hier los ist. Der Wiener ruft zurück: »Was denn, um Gottes willen?«

Es ist nämlich nichts los. Das gedruckte Wien versucht nur wieder einmal durch einen Staatsstreich der Lettern, durch einen Putsch der Druckerschwärze über Nacht zum wirklichen zu werden.

Und wer führt den Reigen? Die Hinterbliebenen Deutschböhmens in ihrem nationalen Blatt.

Aber es geht nicht. Druckerschwärze kann Blut nicht verdrängen.

(Sollte es aber durch Verschulden der Druckerschwärze einmal doch gehen und die Stadt veröden, dann wird das gedruckte Wien dem wirklichen einreden, daß es sich schon längst danach gesehnt hat.)

Prager Presse, Jg. 2, Nr. 199,
23. Juli 1922, MA, S. 6 (Anton Kuh)

Verlängerung des Bürgersteigs

oder »Vater leih mir die Scher« bei der Opernkreuzung

Seit gestern ist das Vokabular des Wiener Spottes um ein Wort reicher; in einer Woche werden wir es vielleicht als Coupletrefrain hören. Dieses Wort, aus Amtswürde und Sprachantisemitismus entstanden – denn in Graz, Komotau und Vöcklabruck gilt das Wort »Trottoir« offenbar als jüdisch – heißt: »Verlängerung des Bürgersteigs«. Es bewirkt, von einem Wiener Mund ausgesprochen, zunächst eine Gesichtsverlängerung des Sprechers; bleibt ihm im Halse stecken und quillt sodann wie eine alkoholische Lautmasse hervor. Es ist, kurz gesagt, einer jener chinesischen Geheimbegriffe, die andeuten, daß das Hochdeutsch-Trottoir der Sprache der Benutzung durch Amtsvorgänge reserviert bleiben müsse, weil es sich um etwas Weihevolleres, Höheres handelt.

Besagtes Wort säuselte gestern den Passanten der Opernkreuzung hundertstimmig um die Ohren; man ging ruhig und wienerisch, das heißt unter Nichtachtung jener Bewegungsvorschriften, deren Beachtung in Wien den sicheren Tod bedeutet, über die Straße – da kam einem – »hoppla-he!« – ein Wachmann nachgerannt, packte einen, als sei man der gesuchte Raubmörder X, beim Aermel und stammelte, die Todesgefahr kühn mit dem Passanten teilend, die Worte: »Verlängerung des Bürgersteigs!« Man erwiderte: »Bitte sehr!« oder »Danke sehr!« je nachdem ob man das für die Abverlangung eines Passepartouts oder die Mitteilung eines Erdbebens hielt, übersetzte die Worte rasch in zehn lebendige Sprachen und kam in letzter Sekunde – ein Auto rechts, ein Auto links, der Wachmann in der Mitten – darauf: »Verlängerung« heißt »Grad weiter!« und »Bürgersteig« heißt »Trottoir«. Es waren harte Sekunden der Gefahr; aber der »Allgemeine deutsche Sprachverein« hatte einem wenigstens eine derbe, puristische Lektion erteilt. Deutscher, sprich Deutsch – oder werde überfahren.

Die zehn Wachleute, die also gestern bei der Oper verkehrsstörend amtierten, hätten für ihren hochnotpeinlichen Zweck besser ausgerüstet sein müssen: zur Linken mit einem Dolmetsch und zur Rechten mit einem Geometrielehrer, der auf einer Tafel den Begriff »Verlängerung« exakt hätte demonstrieren müssen. Das Schauspiel wäre zwar um nichts toller gewesen als dieser Ordnungschok, den auf Grund irgendeines geheimnisvollen Diensterlasses Zahl X, Buchstabe N, *lit.* Y der Wiener Verkehr plötzlich und zwar gerade an seinem wichtigsten Punkte erhielt. Leute, die in ihrem gemütlichsten, kopflässigsten, taumelndsten Tempo über die Straße laufen, wie ein Stück Wild abgefangen und treuherzig zum Jäger emporblikkend; die somnambule Luftlinie des »Ueberquerers« – ein neuer Angeklagtentyp! – aus heiterem Himmel plötzlich in die Diagonale abgebrochen; zehn Uniformträger in einem »Vater-leih-mir-die-Scher«-Spiel hier- und dahinrennend, außer Atem, als ob im nächsten Moment sämtliche Autos der Welt sich ineinander verketten müßten; die Menge, gewöhnlich in die Richtung entgegenfahrender Vehikel gedrängt – da Autos, Fiaker und Elektrische von der neuen Geometrie noch keine Notiz genommen hatten –, völlig kopfscheu auseinanderstiebend. Und dazwischen der Chor links: »Verlängerung« – und der Chor rechts: »Bürgersteig«. Eins aber war, das will ich zugestehen, erreicht: in der Stadt, deren Hotels jetzt nicht zuletzt dank tüchtiger Herumverordnerei leerstehen, in deren Straßenbahnwaggons drei bis vier Menschen sitzen, war gerade dort, wo man anfängt, an eine Weltstadt zu glauben, ein blankes, menschenleeres Carreau geschaffen, von jener blendenden Sichtbarkeit der Pflasterwürfel, die die Marktplätze von Krems und Ungarisch-Hradisch auszeichnet. Ein appetitliches Symbol. Der Kampf, den die Provinzialbureaukraten gegen die Weltstadt Wien führen, der Haß der anderen Zugereisten, nämlich nicht derer aus dem Osten, sondern der vielleicht hier Geborenen, die ein tiefes Heimweh nach Graz im Busen hegen, wird und muß zum Sieg führen! Ueberfallt die Leute wie Strauchdiebe in den Nachtlokalen, säubert den Bürgersteig von den Nichtbürgerinnen (die noch nicht wissen, daß sie wie Raimunds Köchin »an den Herd« g'hören), laßt sie für ihr Hotelzimmer eine Viertelmillion zahlen und schleppt sie am Ende, wenn sie sich wenigstens durch den romantisch-gemütlichen Trott unseres Lebens oder Nichtlebens für all dies bezahlt fühlen, am Aermel von der Fahrbahn! Vielleicht kommen dann doch die goldenen Zeiten wieder, wo man sich zur Hebung des Fremdenverkehrs patzig machen kann – weil sich die Gehobenen indessen verschoben.

»Sie sollten uns helfen, statt zu lachen«, sagte mir ein Wachmann, in dessen Amtshandlung sich mein Gesicht einmengte. Nein – ich will nicht helfen! Ich bin ein fanatischer Nichtlinksgeher und Ueberquerer. Denn ich erhebe zum Brauch des Linksgehens und Bürgersteigens, dem ich mich in Berlin gern füge, ein paar Forderungen: erstens, daß das Telephon funktioniert; zweitens, daß das Fräulein in der Zentrale die Geschichte, die ihr gestern am Raimund-Theater passiert ist, nach der Verbindung meiner Nummer, beendet; drittens, daß der Kellner, der es knapp an seinem Ohr läuten hört, dieses Geräusch nicht für den Nervenanfall eines wichtigtuerischen Apparats hält, sondern als Zeichen, daß jemand im Sterben liegt; viertens, daß der Brief von einem Haus zum gegenüberliegenden in weniger als vier Wochen expediert ist; fünftens, daß kein Mensch dieser Stadt mehr die Worte anwendet: »An' Moment!«; sechstens, daß der Zeitungshauptverschleißer für das Nichteintreffen eines Journals einen anderen Grund namhaft macht als die Migräne des Laufburschen; siebentens, daß die Elektrische nicht gezwungen ist, einem Zeitungsleser auszuweichen; achtens, neuntens, zehntens – – daß man in Wien, ohne behördlichzivilen Widerstand, ruhig soviel Energie aufwenden kann, als nötig ist, die Straße zu überqueren. Ich fordere also für diesen Fall – nur für diesen, denn im übrigen ist's mir lieber so – die Umwandlung des Wieners in einen Nicht-Wiener; die sofortige Umbildung des Mischmaschlings in einen Preußen. In jedem andern Fall ist der Versuch, plötzlich das wienerische Knie zu bremsen, die Leute aus dem elliptoidischen Zufall ihrer Fortbewegung zu reißen, eine Amtswichtigtuerei; irgendein Polizeirat benötigt für seine Großstadtvorstellung dann wahrscheinlich ein Stück Berlin in Wien. Lebe ich unter Taumlern, dann will ich auch den Vorteil dieses geselligen Zustandes genießen; aber in Aemtern taumeln und bei der Oper marschieren – das geht nicht zusammen. Man kann nicht heimlich dekretieren: Ueberall ist Wien – nur hier im Umkreis von hundert Quadratmetern soll von heute an Berlin sein. Und wenn mir ein Amtskluger darauf sagt, daß ja doch »an einem Punkt begonnen werden muß«, so entgegne ich: Auch der Tuberkulöse, Krebskranke, Verseuchte muß an einem Punkt sich zu heilen beginnen. Er wird aber nicht damit beginnen, daß er sich die Nägel maniküren läßt.

Der Staat liegt krank – die Stadt bekommt Drill. Wo der letzte Rest von Weltart und Weltsichtbarkeit zu retten wäre, etabliert sich auf Wunsch eines gewissen, kleinbürgerlich-amtlichen Plebejertums, das aus seiner Not unsere Tugend machen möchte, eine neue polizeiliche Wichtigtuerei. Ueberfall auf Séparées – Razzien im Café – und nun das doppelte Verbot des Taumelns: im nüchternen und alkoholisierten Zustand. Es ist beim einen wie beim anderen: man kann nicht Ursachen erlauben und Folgen verbieten. Man kann nicht erlauben, daß einer zehn Liter schlechten Weines eingeschänkt erhält, und verbieten, daß er danach Schreikrämpfe bekommt oder sich öffentlich ausspeit. Es zu verbieten hieße einen Mann bestrafen, der nach Veronalgenuß in Schlaf fällt. Oder jemanden arretieren, der unter Wienern wohnt und nicht geradeaus geht.

Bis auf weiteres bleibt also der Bürgersteig verlängert. Gebt acht – ihr verlängert ihn zu weit nach Süden. Die nächste Station nach der verlängerten Kärntner Straße heißt Graz.

Neues Wiener Journal, 30. Jg., Nr. 10.373,
3. Oktober 1922, S. 4. (Anton Kuh)

Marquise Pompadour

Generalprobe im Carl-Theater

Fritzi Massary und Wien« – das ist vielleicht der einzige ungeschriebene Massary-Essay in der Reihe der unzähligen geschriebenen, die von Kerr und Siegfried Jacobsohn abwärts so ziemlich die ganze deutsche Kritik zum Autor haben. Und gerade er wäre so aufschlußreich! Woher kommt es, daß die vielgefeierte, zum höchsten deutschen Rang, nämlich: einer Zigarettenmarke den Namen zu geben, avancierte Diva in Wien noch immer eine ungekannte Größe ist?

Die Erklärer machen sich's leicht. Sie sagen: zu berlinerisch – Wien will Wien. Aber abgesehen davon, daß dieser Satz nur im guten und nicht im schlechten Sinn wahr ist, setzt er das Über-Lokale jedes großen Wesens außer Rechnung. Es muß also tiefer liegen. Und es liegt, wie mir scheint, darin, daß die Wiener, deren »Mauserl«-, »Mäderl«- und »Putzikatzerl«-Eros ja allerdings mehr auf das Mollert-Empfindsame eingestellt ist als auf eine der Gescheitheit und großen Linie nicht entbehrenden Grazie, unwillkürlich in der musikalischen Gegend einen andern Reiz fordern: nicht den der Kultiviertheit, Hochklassigkeit und Sinnengescheitheit, sondern den der Putzigkeit und warmblütigen Süße. Aber siehe da! – Weltkrieg, Foxtrott, Tabarin und Fremdenzustrom haben Wien verwandelt. Die Stadt, die die Odilon hervorbrachte, die Massary des Schauspiels, sie goutiert, seit sie nicht mehr nach dem Walzertakt tanzt, auch in der Operette eine Odilon. Und so wird sie, wenn der gestrige Generalproben-Schein nicht trügt, angesichts der Operetten-Odilon kopfstehen.

Das Wort »unbeschreiblich«, sonst als Superlativ des Lobes angewandt, enthält bei der Massary eine wörtliche, mehr die Not des Beschreibers als den Rang der Beschriebenen ausdrückende Bedeutung. Denn das Neckische, Pikante, Formenhafte, in Wiener Zone Auffindbare läßt sich leicht beschreiben. Fraulichkeit an sich aber ist unbeschreiblich. Wie gut hat es da der Dichter! Er läßt sich auf keine Wortrenkontres ein und besingt. Der Rezensent aber, Literat letzter Ordnung, muß Wort klauben, er muß der Unaussprechlichkeitsreporter sein, Berichterstatter der Nuance. Welche nenne ich da bei der Massary? Die wichtigste, denk' ich, liegt in ihrer Lustspielluft verbreitenden Dezenz. Sie stürzt sich weder mit Kopfsprung ins musikalische Gewässer, noch bleibt sie mit Nobelgesten an seinem Rand stehen. Sondern, wie sie selbst auf dem Schnittpunkt von Grande dame und Grisette steht, so taucht sie immer halb unter und sofort wieder auf. Sie steht drinnen und draußen zugleich. Denn ihre Kunst besteht im gleichen wie ihr weiblicher Reiz: Reserven zu haben, die sie nicht verausgabt. Dadurch, daß man den (sicher falschen!) Eindruck hat, der bessere Teil dieser Kunst gehöre eigentlich dem Schauspiel an, kommt auf die Operette, die sie gerade mitmacht, mehr als das Ganze. Sie ist darin »zu Gaste«. Aber bloß wer so zu Gaste ist, ist eigentlich zu Hause.

Die Heimat der Massary bleibt die Operette, weil sie sich selbst als »Operette« erlebt, als das Fastnachtsvergnügen und die tolle Laune einer Frau, die ihren ganzen tiefen Ernst daheim ließ. Und wie dieser erotische Ernst durch alle gemachte und doch echte Heiterkeit schimmert – das eben ist das Unbeschreibliche.

*

Wäre Leo Fall, der Komponist, ein Neuer, man möchte glauben, daß er sich seinem Star angepaßt hat. Auch seine Musik ist distanzvoll, sie bevorzugt die Sphäre des kabarettistisch-artistischen Witzes und steht Offenbach näher als Franz Lehár. Eine Musik, deren klopf- und stampfrhythmische Freude durch ihre Mittelbarkeit gewinnt. Daß sie nicht aus dem vollen Sirupfaß der Sentimentalität schöpft, bewirkt den Eindruck, als serviere sie die Einfälle in Likörgläsern. Aber es ist echter Likör – manchmal sogar, wie beim berühmten »Josef«-Shimmy, veritabler Champagner.

Das Buch? Als der Vorhang aufgeht und man den Refrain hört: »Die Pompadour, die Pompadour ist eine große – Hahaha!«, ergreift auch des Nichtbürgers Herz etwas wie Bangnis. (Denn wo bliebe noch die herrliche, von erlesenen Malern und Dekorateuren unterstützte Bühnentäuschung, wenn sich's unvermutet gereimt hätte?!) Aber es folgt ein gut gebautes Singspiel (Schanzer und Welisch heißen die Dichter) rings um ein Pompadour-Abenteuer, ohne Humor, aber nicht ohne Witz. Ludwig XV. meckern zu hören tut zwar auch einem unroyalistischen Herzen weh. Aber wenn er dann, vor dem Verdikt über seiner Geliebten Treubruch zu Ohrenzeugenschaft hinter einen Vorhang beschieden, einschläft – so versöhnt diese Geschichtsauffassung. Bloß der Name Voltaires sollte in einer Operette nicht fallen. Bildung ist für ein Libretto ein gefährlicher Zimmerschmuck. Man sieht sofort, wie schäbig das übrige Mobiliar ist.

Andere Eindrücke des Abends: das fabelhafte Boudoir im zweiten Akt, Tautenhayn in einer Kiste und der Sänger Wirl, der seine Herkunft aus der Oper nicht bloß stimmlich, sondern auch dadurch nachweist, daß er aus der Buberl-Schablone tenoristischen Charmes fällt.

Endeffekt? Die Pompadour, die Pompadour ist eine große Hahaha – aber die Massary, die sie verkörpert, ist eine Große schlechthin.

Die Stunde, 1. Jg., Nr. 2,
3. März 1923, S. 7 (Anton Kuh)

Der Aufmarsch der Arbeit

Alle Parteifragen beiseite gesetzt: Die Tatsache bleibt, daß von allen Aufzügen und Demonstrationsparaden am erhebendsten und appetitlichsten ein Aufmarsch wirklichkeitsverbundener, arbeitender Menschen wirkt. Hier ist nichts von jener verlegenen, dem Blick zugleich ausweichenden und sich zur Schau stellenden Theatralik in der Haltung, nichts von der unkindlichen, verhärteten Befangenheit in den Zügen, die den Kostümidealismus der lebensfernen und unsicheren Schichten auszeichnet. Hier sieht man ganze, ernste Gesichter, deren Lippen sich nicht vor einem unsichtbaren Amateurphotographen zu Trotz zusammenpressen, deren Augen vielmehr so frei blicken, wie sie das Leben angeblickt hat, und die eben dadurch einen Abglanz naiver Freudefähigkeit sich bewahrt haben – Gesichter kurz, die das Gift der inneren Unfreiheit noch nicht entmenscht hat. – Ein Aufmarsch der Arbeit wirkt um so viel sympathischer als ein Aufmarsch der Marschier-Gesinnung, als der feiertäglich ausgebürstete Bürgerrock sympathischer wirkt als Uniform oder Gschnastracht.

*

Der gestrige Aufmarsch der Arbeiter war eine imposante Berichtigung des neuerdings beliebten Geredes von der »Dämmerung des Sozialismus«, dem »Abbau des sozialistischen Gedankens« usw. In keinem Jahr war die Beteiligung eine so unerhörte, mußten die Passanten so lange auf die Überquerbarkeit der Straße warten, schien die

Teilnahme ganzer Familien mit Kind und Kegel so auffällig wie diesmal. Manchen lippenverkniffenen Randstehern mag angst und bang geworden sein. Wie gerne hätte sich ihnen ein hämisches Wort entrungen, wären sie nicht selbst von dem Schauspiel überrascht gewesen ...

Am stärksten überrascht – und zwar nicht bloß der Zahl, sondern auch der Zucht nach – vom Aufgebot der Tschechen. Es dauerte an die vierzig Minuten, bis sie defiliert waren, voran die Turnermannschaften in ihrer anmutigen, roten Kleidung, peinlich-gedrillt, selbstsicheren Gesichtes, bis hinunter zu ganz jungen Buben und ganz kleinen Mädeln.

Nirgends traute sich natürlich eine verunglimpfende Bemerkung hervor. (NB.: Man sah auch den ganzen Tag über keine Studentenkappe ...) Aber der Aufmarsch erfolgte beschämend-echolos, ohne Zuruf und Tücherschwenken. Arbeiter sind dem Geschlecht von heute nämlich vor allem »Sozialdemokraten«; und wenn die Arbeitskraft eines ganzen Volkes, sich selber und seine Pflicht und Stärke feiernd, auf die Straße geht, so steht die übrige Menge (mag es ihrer Mitbewegtheit auch schwer genug ankommen), gesinnungsgeknebelt abseits, weil ihr die Farbe der Fahnen nicht paßt. Es geht eben nur noch um Fahnencouleurs und nicht um Menschenimpulse.

Trotzdem oder gerade deshalb hallte der Tritt der Sichselbstüberlassenen, durch keine Akklamation Beschwingten und Gerührten noch lange im Ohr. Der Aufmarsch war von zweieinhalbstündiger Dauer. Seine Wirkung auf die Zuschauer mehr noch als in vergangenen Jahren: daß mit diesem Koloß nicht zu spaßen ist.

Die Wiener Wirklichkeit allerdings mag leicht darüber täuschen. Denn so gesittet, friedlich und harmlos geht es am 1. Mai in keiner Weltstadt zu wie in dem wegen seiner Gutmütigkeit von zugereisten Gesinnungsvandalen so oft gehöhnten, die Lebensart über die politische Unart setzenden Wien. Sie sind am Vormittag politisch und fahren am Nachmittag Ringelspiel.

Die Stunde, 1. Jg., Nr. 52,
3. Mai 1923, S. 3 (Anton)

»Damen ohne Begleitung«

Die Dame ohne Begleitung war von jeher eine der reizvollsten Einrichtungen unserer Stadt.

Unnahbare Mystik umschwebte sie. Ihr gezwungen abgewandtes und ganz in Erwartung (oder Bedrükkung?) versenktes Auge forderte zu einem Bombardement der Neugier auf: Stand und Charakter? Choristin, Dame der Gesellschaft, Tippfräulein, Kokotte? Unglücklich verliebt, abenteuersüchtig, elend verlassen, vor oder nach dem Bruch? Puzzikatzi oder Aeschylusheldin? Jedenfalls war jedes dieser Wesen in den seligen Leutnant-Gustl-Zeiten, da noch die k. k. Romeos mit dem Schlenkersäbel grassierten, ein fleischgewordener Romanbeginn – Fortsetzung, letzte Seite Tagblatt, unter »Rosahut« an die Expedition.

Es war ein Stück jener Liebesromantik, die Wien mehr Freunde geschaffen hat als alle auf W. C., Autotaxibetrieb und Prospektversendung gerichtete Erhebung des Fremdenverkehrs. New York, durch eine puritanische Galanterie gegen die Liebesanfechtungen gepanzert, hatte mehr Freiheit und gab weniger Chance; in Berlin war stets der strenge Trennungsstrich zwischen Gesellschaft und Sexualindustrie – die Dame ohne Begleitung konnte also hier nur ein eindeutiger Typus sein. In Wien aber, wo Mädchen und Frauen, soweit sie nicht der bureaukratisch-dumpfsten Klasse zugehören, eine we-der der New Yorker Frigidität noch der Berliner Sittenart stammähnliche Freiheit auf die Welt mitbringen, wo eine Art von Selbständigkeit blüht, die den

Liebeszufall so wenig verpönt, als sie Roheit und Plumpheit goutiert, wo kurz gesagt: weder in der Tugend noch in der Untugend das Zeremoniell beliebt ist, war unbegrenztes Erlebnisterrain. Deutsche, Amerikaner, Franzosen, Italiener wußten in der Zeit von 1918 bis 1920 ein Lied davon zu singen. (Und da war es doch schon nicht mehr das richtige, sondern ein verordinärtes Wien.) Sie schwärmten von dieser Stadt, wo alles möglich und nichts sicher ist, wo Ladenfräulein nach Lebedamen und Kokotten nach Bürgermädchen aussehen.

Sie schwärmten implicite von der Dame ohne Begleitung – mochte sie eine beim »Schwarzen« Mittagssiesta haltende Stenotypistin, eine exotische Unnahbare oder eine von Beruf aus Unbegleitete sein.

Die Polizei sah es – man erinnert sich der einschlägigen Kaffeehausszenen, wo der Kellner »nichts einschänkte«, noch aus dem Krieg – ungern. (Denn es ist die Aufgabe der Polizei, allen Ärger, den der Kremser und Komotauer angesichts des weltstädtischen Gepräges Wiens empfindet, amtshandelnd zum Ausdruck zu bringen.) Wie hat man sich damals in den Blättern über die Unverfrorenheit von Kellnern und Kaffeesiedern entrüstet, die »alleinstehende Damen« brüskierten! Es war eben kaiserliche Zeit und der Spießer hatte nicht die Freiheit – sie den anderen zu nehmen. Heute lebt er seinen geheimen Monarchismus sonderbarerweise in der Bekämpfung von Zuständen und Gewohnheiten aus, die damals gang und gäbe waren. Oder anders gesagt: der berühmte Kampf der »Länder gegen Wien« wird jetzt in Wien selber ausgefochten. Die Behörden: das sind die

»Länder«; die Bevölkerung ist Wien. Seit wir politisch von Graz, Salzburg und Innsbruck aus regiert sind, wahrt die Wiener Polizei alle grazerisch-salzburgischen Empfindlichkeiten. So hören wir neuerdings, daß man in den Kaffeehäusern wieder die »Damen ohne Begleitung« scharf angeht – natürlich über polizeiliche Weisung. Anständige Frauen, die zufällig keinen Begleiter haben, sind also, wenn sie ins Café wollen, gezwungen, einen Herrn anzusprechen; und die sogenannten unanständigen, die zweifellos der Fremden- und Vergnügungsstadt Wien nicht übel zu Gesicht standen, müssen sich mitsamt ihren mondänen Toiletten und unplebejischen Umgangsformen auf die Gürtellinie flüchten – wenn sie nicht auch von dort ein Auge des Gesetzes verscheucht. Die Kaffeehausromantik hört damit auf; die Liebe wird bald nach provinzstädtischem Beispiel ihre zwei gesonderten Rayons haben: links Kasino-Ressource, rechts das »Haus zur roten Laterne«.

Die Polizei schiebt natürlich wieder große hygienische Sorgen vor! Daß die nicht sie, sondern die Gesetzgebung und auch die wieder nicht sie, sondern die Ärzte, Politiker und Soziologen angeht, davon ist niemals die Rede. In Prag hat bekanntlich eine jüngst vorgenommene Statistik ergeben, daß die Zahl der Geschlechtskrankheiten seit der Aufhebung des sogenannten »Büchelzwangs« gesunken ist. Damit fällt das sanitäre Herumgerede in sich selbst zusammen. Aber man brauchte diese Detailerfahrung gar nicht, um zu wissen, daß die Einschränkung der Okkasion einen Übelstand niemals aufhebt, sondern nur fördert; und daß die Auskurierung der

Menschheit nicht von außen, d. h. vom Verbot aus, sondern nur von innen, d. h. von der Freiheit aus geschehen kann. Das Freudenmädchen ist ja an unseren Leiden nicht schuld! Wir verdanken diese wie jenes der verpönten und erdrückten Freude.

Die Stunde, 1. Jg., Nr. 53,
4. Mai 1923, S. 3 (Anton)

Kappeln auf dem Korso

Es muß ein Reservaterlaß an die Studentenschaft ergangen sein, des Inhalts: »Kommilitonen! – wollt ihr eure Machterstarkung zeigen und schrittweise das unnahbare Gelände Wiens erobern, so verkriecht euch nicht mehr in den Quergassen und Wirtsstuben der Bezirke Alsergrund und Josefstadt, sondern zeigt euch möglichst oft und aufdringlich in den noblen Vierteln der Stadt, zwischen Ring und Kärntnerstraße, also dort, wo euer Anblick bisher ein seltener war!«

Man sieht hier nämlich in letzter Zeit, durch diese unwienerische, plebejische Farben-Note eher gestört, denn erfrischt, auffällig oft die Studentenkappeln.

Der Grund, warum sie chokieren, ist vor allem ein weltstadtästhetischer. Die Pauvreté – ob des Geistes, Leibes oder Besitzes ist einerlei – paßt nämlich nur unter der Voraussetzung in das Bild vielgestaltig-heiteren, weltweiten Treibens, daß sie malerisch oder typenhaft auftritt. Gattungsgemäß, klassenumgrenzt, wirkt sie als optische Verkehrsstörung. So sind etwa der »Kein Papier, kein Stroh«-Rufer in der Kärntner Straße oder der Schuhputzer vor dem Bristol, oder die »zwei oarmen Invaliden« durchaus stilgerechte, jedem gräflichen Spaziergänger ebenbürtige Gestalten. Aber ein Studentenkappel – dieses Wahrzeichen von Taschengeldgesinnung, Provinz und Straßenfremdheit – gehört nicht hinein. Es stört den Rhythmus, stört die Visage. Denn es schafft inmitten des Spazierens die Vorstellung des »Selbander-Wandelns« und »Fürbaß-Schreitens« (»Einherwackern« nannte ich es vortrefflich) und inmitten der Wiener Wirklichkeit den Albdruck: Komotau.

Die Studenten – in ruhiger und reiferer Zeit – wußten das und mieden den sogenannten Nobelteil der Stadt. Es geschah aus der gleichen unwillkürlichen Selbsteinschätzung und derselben Geschmacksrücksicht, aus der hierzulande defekt gekleidete Menschen nie in den Vorderwagen der Straßenbahn, sondern stets in den Beiwagen steigen, manierlose Menschen sich nicht ins Restaurant Sacher hineintrauen und Leute in Diensttracht lieber einen Umweg machen, als daß sie die Innere Stadt durchqueren. Eine Art großstädtisches Schamgefühl, das bloß in ganz besonders zivilisierten Zonen gedeiht. Obendrein fühlen sich ja Studenten, wenn sie nicht gerade zu zehn oder zwanzig ausmarschieren, in dieser Stadt der abblitzenden Gleichmütigkeiten und souveränen Ungezwungenheiten geheimen Belustigungsblicken ausgesetzt, die vom Schaffner der Elektrischen angefangen, bis zum Wachmann an der Straßenkreuzung (von der bessergekleideten Weiblichkeit nicht zu reden) ein Gesinnungskappel als etwas Kindisch-Patziges empfinden.

Das ist anders geworden. Man muß die jungen Leute ermuntert haben, ihre Scham zu überwinden. Sie tragen jetzt Provinzfarben auf die Ringstraße. Ein Schritt weiter auf dem parteilicher- und behördlicherseits entschlossen eingeschlagenen Weg, die entkaiserlichte Stadt auf den Rang von Graz hinabemporzudrücken.

Die Stunde, 1. Jg., Nr. 64,
18. Mai 1923, S. 5 (Anton)

Der Schlapphut-Spießer

Es gibt Wiener Ortsspezialitäten, die einen allen Vorwurf, den man ja gegen Berlin erhoben hat, im Geiste widerrufen lassen. So etwa wird jeder von tiefer Sehnsucht nach dem oft verhöhnten Berliner Snobismus befallen, wenn er es mit den Sach- und Wortführern des Wiener Kunstlebens zu tun kriegt, jener Spießergattung, die sich gleichsam durch Heimatschein, Ordentlichkeit und breit ausladende Flachheit das akademische Bürgerrecht der Stadt Wien erworben hat. Der Snobismus hat doch wenigstens etwas Drakonisches: er peitscht den Philister dazu, seinen angeborenen Ungeschmack zu verleugnen, zwingt ihn den Entscheidungen einer sachverständigen Jury gegenüber zum Kuschen und verwehrt es ihm, Kunst und Gesinnung in einen Zusammenhang zu bringen, der sich als Kritik oder Forderung auswirkt. So hat der Spree-Snobismus nach und nach zugunsten eines vielleicht nicht appetitlicheren, aber wenigstens verständnisvolleren Typus den pinselnden und bildhauernden Sumper erschlagen. In Wien aber, der Stadt, wo durch die engen Verbindungen von behördlichem und privatem Geist von jeher kommunale Protektion, gesellschaftliche Werbung und Salongefälligkeit die Kunst beeinflußt haben, geht er noch immer frohgemut herum, bildet Komitees, entscheidet über Aufträge und macht Kritik. Die Zeitungen lassen zwar schon Worte wie »Expressionismus«, »Kubismus« oder »Infantilismus« als offiziell abgestempelte Vokabeln in ihre Spalten ein – in Wahrheit aber stehen sie vor Werken solchen Stils, d. h. vor allem, was über ihren Anstreicherhorizont geht, mit der Ironie des Herrn von Nigerl. Die Ringstraße, dieser berückende Ausnahmsfall eines sich selbst beweisenden Kitsches, macht ihm die Mauer; sie glauben, es dürfe fortan nichts über die Achtzigerjahre hinausgehen.

Die Leute vom Bau, die so zur Kunst stehen, bedienen sich dabei, obzwar sonst nicht sehr demokratisch veranlagt, am unrichtigsten Ort eines demokratischen Arguments: daß das Volk in seiner Unbefangenheit nicht anders urteile. Nun ist es wahr, daß sich hinter einem Kleckser, der seine Staffel auf der »Freyung« aufgestellt hat, um photographisch genau die Konturen der Kreditanstalt abzuzeichnen, zu minutenlanger Bewunderung die Leute sammeln – »a Moler!«. Aber dieser »Moler« ist in der Regel ein bescheidener Herr, er läßt sich keinen Kilometervollbart stehen, trägt keinen Rotundenhut und kein samtenes Michelangelo-Wams, spricht von seiner Kunst nicht mit dem bereitbehäbigen Selcher-Dünkel, mit dem Vorstandsmitglieder und Beisitzer akademischer Kunstverbände von ihrer gemalten oder gemeißelten Wurst sprechen. Er ist Dilettant – und der Dilettant hat recht. Aber was sich hinter einem Heurigengemälde, einem Genrebild »Abschied vom Mutterhaus« oder einer Zinshaus-Plastik an Ambitionen, Luftwegnahmen für Bessere und Würdengetue verbirgt, würde vielleicht sogar die »unbefangene Menge« aufreizen – bei allem Respekt vor Schlapphüten und Flatterkrawatten. Es ist nämlich die Innungswürde des gegen das Genie erbitterten Handwerkers – ein genossenschaftlicher Autoritätszorn gegen das Unbürgerliche und Antibürgerliche des Talents. Die Presse, obzwar in versteckten Rubriken, Teilnahme am »neuen Geist« und dem »unverstandenen Künstler« mogelnd, fühlt sich mit diesem Typus solidarisch. Denn wie er künstlerisch funktioniert, so funktioniert sie politisch. Sie deckt ihn, schmeichelt ihm, ist mit seiner Bürgerlichkeit eins; ja sie wirft ihm fallweise sogar erst das Gesinnungshölzel. So war es bei dem jüngsten Sturm gegen die Jury, die das »Auslandshilfe«-Denkmal prämiiert hat. Die Presse rief »Ach!« – die Kunst sagte »Weh!« Sie gab das politisch-reaktionäre Signal – der »Bildhauerverband« kam hinterdrein.

Frage: Was ist der »Bildhauerverband«? Antwort: Ein Männergesangsverein für Plastik. Seine Mitglieder gehören jenem oben bezeichneten Typus an, der glaubt: Bohème-Tracht, etwas Schlampigkeit und Zecherfreude mache aus einem Fleischhauer einen Bildhauer. Aber da wir schon dabei sind: wo bleibt das echtere Gutachten des Fleischhauerverbandes? Sein Recht, über Kunst zu Gericht zu sitzen, ist nicht geringer als etwa jenes des Oberbaurats Bauer.

Die Stunde, 1. Jg., Nr. 94,
24. Juni 1923, S. 3 (Anton Kuh)

Wien am Gebirge

Als Wien noch die Reichshaupt- und Residenzstadt der österreichisch-ungarischen Monarchie war, da hieß die Stadt mit ihrem vollen volksschul-geographischen Titel: Wien an der Donau. Der unendliche Strom war das Wichtige, der, Industrien schaffend, Handel bindend, von Europas Herz fast bis zu Asiens Pforte reichte und das Reich in der Mitte durchschnitt. Dieser Strom war die Zufahrtstraße der Stadt, ihr Vorrang in der Staatsgeographie.

Das Wien, das nichts als Hauptstadt ist, liegt nur noch an der Donau, wird von ihr flüchtig mitbeschenkt, aber es gebietet nicht mehr über sie. Es hat an dem Strom nicht mehr Recht als das frühere Königreich Serbien oder irgendeines der balkanischen Unterländer, denen er noch zum Abschied den Boden stärkt. Man sagt nicht mehr »Wien an der Donau«, und wenn man es sagt, so hat es nicht mehr den weitgebietenden, imperialen Glanz. Wien liegt einfach nicht mehr an der Donau – wo es ja streng genommen niemals lag – sondern am Gebirge (lies für: a. G.); nicht in der weltoffenen, ausblicksreichen Ebene, sondern angepreßt an gemütsumdämmerndes Bergland. Von den zwei geistig-topographischen Komponenten: dem Blick in die Weite des Ostens und Nordens und der Umschmiegtheit durch den Westen und Süden, wodurch sich die merkwürdige Wiener Sentimentalität, diese Blickaussendung ins Ferne und -zurückrufung ins Enge ergab, ist eine weggefallen. Bald wird es auch der sentimentale Ton des Liedes zu spüren bekommen; die Wehmut, die in kleinerer Welt atmet, vermindert um die

Farbe des Stolzes, wird ins Kärntnerisch-Koschatische sich neigen.

Daß Wien am Gebirge liegt – wie Sankt Leonhard, St. Anton und Brunn –, ist seit Kriegsende mit jedem Tag mehr zu sehen und spüren. Seit damals obsiegt immer deutlicher das Gesetz des »Unter sich«. Die Gesinnungen sind kernhafter, spröder, kleinhorizontiger geworden; die Weltfreude des nationalen Mischlings weicht jener Dusterknorrigkeit, für die die Nase des Tirolers ein so scharfes Abbild ist. Die Umgangsart ist gereizter wie bei kleinstädtisch zu ewigem Unter-sich-Sein Verdammten. Graz von Süden, Linz von Westen, rücken immer näher – Wiener Neustadt ist wichtig wie ein neues Wien, fünfzig Kilometer entfernt von Wiener Altstadt. Die Politik trägt Berg- und Almluft herein, holzigen Scheunenhauch. Was in Stammbeiseln krakeelt und in Extrazimmern rumort oder kniehosig und wickelgamaschig Marschtakte aufs Pflaster schlägt, was sich da schwarze Lappen ums Haupt wickelt, Baumstämme als Spazierstöcke trägt und vor jedem guten Gewand oder schönem Gefährte das Gesicht in Falten zieht – das ist der Geist von Schladming, Unterhollersbach und St. Kathrein. Die Jungmannen, mandolinenumbändert, mit Hoiho-Hüteln auf Köpfen, die die Wirklichkeit einer Unterhaltungsbeilage entlehnt hat (für die reifere Jugend) – die Selbanderwandel-Paare, die den Wald nach ihrem Erbauer fragen, statt in holder Verlegenheit den Blick voreinander zu senken – die unwienerischen Kommers-Johler, die jetzt in den Gaststätten und Freiluftschänken des Vororts sichtbarer werden – sie sind allesamt Gebirgler,

Wald-Krähwinkler, die der Ausgang des Weltkriegs zu Privilegierten der Weltstadt gemacht hat. Bleibt noch: der polizeilich-behördliche Geist. Er gravitierte von jeher nach Wimpfenbrunn und markierte widerwillig Europa. Heute gravitiert Wimpfenbrunn nach ihm.

Am letzten Sonntag, als fremde Trachten und Gesichter (Besucher des Katholikentags) die Straßen der Stadt füllten, da gab man jenen Niederösterreichern recht, die Wien »Weandorf« nennen. Wien ist eine Alpenhauptstadt – wir andern mit den Industriesklaven zusammen führen einen Defensivkampf. Das Gebirge dringt vor – bald wird sich das »a. G.« statt des »a. D.« in den Lesebüchern einbürgern.

Die Stunde, 1. Jg., Nr. 101,
4. Juli 1923, S. 3 (Anton)

Piefke als Gast

Aus der unglückseligen Zeit, da sich zwischen Wien und Berlin Anschlußfäden zu knüpfen schienen und die ersten Fremdgesichter, wie sie George Grosz so abschreckend echt darstellt, bei uns auftauchten, ist uns eine Hinterlassenschaft geblieben: Herr Karl *Lahm.* Andere seiner Art wußten sich dieser Stadt entweder rasch zu akklimatisieren oder verbargen ihre Ablehnung hinter lächelnden Visagen. Herrn Lahm aber, dem Korrespondenten der »Vossischen Zeitung« – deren tapferer Herausgeber Georg Bernhard für die seiner Art entgegengesetzten Extratouren seines Schapsels wohl nicht verantwortlich ist –, war die Luft der Seelensanierung günstig. In diesem Frost und bei so pfeifender Ungemütlichkeit wurde Piefke recht heimisch. Er wettert jetzt in einem Wiener Brief über das »Sodom«, das ihm Gastfreundschaft gewährt, empört sich, als wären wir schon von München, der geistigen Heimat Lahms, okkupiert, über die Wiener Sittlichkeit, und bespöttelt Wiens »Ungrazie«, die noch nicht das Recht habe, sich erotisch zu drapieren, zumal wir gerade erst hundert Jahre katholisches Mittelalter im Rücken hätten. Der graziöse Mann seines graziösen Stammes, dem Wien fürs Erotische zu ungraziös ist, mag seine kulturellen Weisheiten einpacken und rasch in graziösere Gegenden verduften: sagen wir nach Leipzig oder Kötzschenbroda.

Die Stunde, 2. Jg., Nr. 323,
1. April 1924, S. 4 (anonym)

»Brot wegessen ...«

Seit Österreich die Wege der Sanierung wandelt, ist aus den Mienen unseres großen deutschen Bruders deutlich eine Wandlung zu lesen. Er, der den anschlußfrohen Nachbar noch vor zwei Jahren mit ausgebreiteten Armen zu erwarten schien, hat jetzt, wie zur Zeit des Kriegsendes, nur noch Ironien gegenüber dem »schlappschwänzijen Össsreicha« und Geißlungen seines Wohlergehens auf Lager. Die Bruderschaft lockert sich im Augenblick, da der Bruder schon im Grünen zu sitzen scheint.

Hieraus ist einiges zu entnehmen. Zunächst der Unterschied zwischen völkischem Resolutionspapier und menschlichem Blut, zwischen Leitartikelgeschwätz und Wirklichkeit. Das Geschwätz sagt: Unser Bruder! ... Gemeinschaft im Unglück! ... Ehernes Band! ... Die Wirklichkeit aber operiert drüben mit dem Begriff »Na ja – Össsreicha!« und hüben mit der Entgegnung »Preiß!« oder »Deutscher Bruder!«

Wie traurig, daß aber dank der Volksbeschwätzer immer nur das Papier zu Geschichte und »Volksentscheid« wird und niemals die Wirklichkeit! Daß nicht das unmittelbare Gefühl von Mensch zu Mensch, wie es sein sollte, zur Politik wird, sondern die Phrase und das demagogische Fremdwort!

Wäre es so – nicht bloß, daß uns 1914 erspart geblieben wäre, wir wüßten auch genauer, daß Deutschland und Österreich zwei ethnologisch stark verschiedene Begriffe sind! Denn was sie unsere »Schlappschwänzigkeit« und »Duseligkeit« nennen – was anders meinen sie damit als das Unsoldatische unseres Lebens, Treibens und Denkens, die Tatsache, daß wir, obwohl Deutsche, durch die Gnade einer unverlierbaren Kultur (und zugestanden: sei es auch nichts als eine Eß-Kultur!) Europäer sind, mitsitzend an der heiteren Tafel der Völker.

Das kann der rechte essigsaure Deutsche nicht verstehen. Politik und Sklaverei haben sein Lebensantlitz so streng verschärft, daß er (ähnlich jenem Eduard Pötzlschen Gasröhrenträger, der alle anderen Passanten ohne Gasröhre für Müßiggänger hält) jeden, der, unvertrottelt durch Haß, Polizei- und Kasernengift, seines deutschsprachigen Lebens froh wird, als Verräter nimmt.

Wir aber fragen (vom Restaurantkellner und Packelträger, der sie bedient, angefangen bis zum Menschen der Gesellschaft): Was ist das für ein Volk, das, Leib und Hirn mit einer eigenen chinesischen Mauer umstarrt, auf Reisen geht? Was sind das für Menschen, die unter Fröhlichen, Kulturvollen, Lebenswarmen die eisige Spitznase der Betroffenheit in die Höh' recken? Die etwa dem Wiener nicht verzeihen können, daß eines seiner Hotels noch immer »Hotel de France« heißt (welches wunderbare Volk notabene, das im Krieg daran vergessen konnte, es umzutaufen!), und sich wundern, daß der Haß enden kann und nach dem Krieg wieder Europa beginnt. Hier ist die unüberspringbare Mauer: Krieg war für uns Krieg, aber das französische Volk steht uns nicht ferner als jemals. Aus dem Wohnhaus »Europa« delogiert, zogen wir gern wieder ein, als man uns das Quartier zurückgab. Der Deutsche nicht. Sein Stolz ist es, jetzt noch außerhalb Europas zu wohnen. Und er kann sich nicht genug darüber wundern, daß wir im Hause nicht wieder spektakeln.

Aber glaubt mir, hinter dieser politischen Mannheits-Visage steckt noch etwas anderes: der insgeheime Neid gegenüber jenen, denen der Verzicht auf »nationale Ehre« den Verzicht auf Freuden und Genüsse erspart. Der Reichsdeutsche ist nämlich unter der Wirkung seines nationalen Durchhaltens ein Neidhart geworden. Wie er sich gern daran gewöhnt hat, das Schlecht-Ergehen und die Verarmung als eine Art völkischen Zeitpanzer zu tragen, so erinnert ihn diese Tracht umgekehrt auch jeden Augenblick daran, wie gut es denen geht, die sie nicht tragen. Daher die Gehässigkeit, mit der die anno 1919/20 in Massen hereingefluteten Deutschen, die hier über die Maßen nett und günstig aufgenommen wurden, im vorigen Jahr den österreichischen Rückstrom betrachteten! Daher das Scheelauge nach dem vollen Suppenteller des Bruders (den dieser ja nur seiner Haß-Abrüstung verdankt!). Daher diese ganze widerwärtige und höchst unlyrische neuere deutsche Sprach-Metaphorik! Jedes zweite Wort der Umgangssprache ist: »Aha – die Jeschichte mit dem Fuchs und den Trauben!« (Wieso »Aha«? – ich kenn' sie nicht.) Oder Sprachbilder wie die folgenden von mir sicher gut erfundenen: »Der weiß, wo die Stulle fett ist!« – »Hast du keen Brot, such dir 'n Braten!« – »Der hat die Äpfel mit der Sahne jeklaut!« Welches unappetitliche Vokabular einer mittelständlerisch-grauen Verhungertheit, die in fremde Töpfe schielt! Diese neue Metaphorik, deren sich das Volk Goethes bedient, hat einen schlechten Mundgeruch. Den Geruch des Neides.

Eben wieder bieten die Berliner Blätter von dieser, man sagt jetzt drüben »Einstellung«, neue Proben. Man weiß, daß unsere Theaterspielpläne des letzten Winters zu dreiviertel Teilen reichsdeutschen Schauspielern reserviert waren. Und sie können alle ein Lied davon singen, wie herzlich, begeistert und innig sie aufgenommen. Wie revanchiert sich Berlin? Indem es gelegentlich eines Operettengastspieles Wiener Künstler in ordinärster Heftigkeit und Breite diese Revanche-Fahrt verurteilt und ihren Unternehmern vorwirft, daß sie den reichsdeutschen Schauspielern das »Brot wegessen«!

»Brot wegessen!« – pfui Teufel! Man möchte beinah dem Plebejer, der solches in der Kunstrubrik schreibt, erwidern: »Wir pfeifen aufs Brot, wir sind Braten-Esser!« – Aber gleichzeitig dämmert auch dem Anschlußfrohesten auf (und mag er von den pathetischen Schwatzmachern, die solchen Vorfällen die Worte »Beethoven« – »der deutsche Gedanke« – usw. entgegenhalten und gerade die natürlichsten Eruptionen des Blutes als »unwichtige Ausnahmsfälle« hinstellen, noch so auf den Kopf geschlagen sein!), was es eigentlich ist und war, wodurch sich jeder Europäer von den Durchschnitts-Deutschen in Krieg und Frieden unterschieden hat. Wo bei ihm mit dem Essen gleichsam die Selbstverständlichkeit des Daseins beginnt – da nämlich lauert bei ihnen der schwere, böse Verdacht des lebenslänglich Eingekerkerten: »Mir scheint, es geht euch gut!«

Aber wie darf er sich denn darüber beklagen, da er gegen die Bezeichnung »Hotel de France« ist!

Die Stunde, 2. Jg., Nr. 417,
25. Juli 1924, S. 3 (Anton Kuh)

Berliner Notizbuch

Die »blonden Mädels« und die »Tante«

Eigendenkende Menschen, die seit Kriegsbeginn den Zusammenhang zwischen deutscher Politik und Erotik unterstrichen und es wagten, die Rechts-Weltanschauung aus den Kümmerlichkeiten eines neiderfüllten Leibes herzuleiten, wurden von den unterschiedlichen Gesinnungs-Zünftlern als »Literaten« und »Monomanen« abgetan.

Nun aber beginnt das Hindenburg-Deutschland selbst, sich darin zu demaskieren. Sollte man es für glaublich halten, daß für die nationalistische Propaganda in den Wahltagen kein fernerer und abseitigerer Name als der des armen Bettauer herhalten mußte? Daß sich plötzlich zwischen Krähwinkel-Wien und Welt-Berlin ein unterirdischer Kontakt in Bubikopf-Haß und Bettauer-Verdammung enthüllte?

Ja, wahrhaftig, »Bettauer« hieß eine der Wahlparolen. Dem deutschen Moraljüngling und seiner heroischen Gesinnung hatte es gerade der Befreier der Stenotypistinnen angetan. Ein nationalistisches Blatt brachte in Extenso-Breite eine Schmäh-Überschrift auf ihn, und darunter stand genau so groß der Aufruf: »Unsere blonden Mädels als Freiwild für geile Judenbengels« – ein Satz, der sich neben einer graziösen Fülle an Genetiv-»s« noch durch das naive Bekenntnis auszeichnet, wo eigentlich im deutschen Nationalismus des Pudels Kern steckt ...

Aber – oh Wunder der Vorsehung – während von der einen Seite der Straße beflissene Pagen der Politik diesen Ruf in die Welt brüllten, hörte man gleichzeitig von der Gegenseite monoton und mit eingeschlafener Stimme den

Refrain »Die Tante ... Die Tante ... Die Tante ...« Man besann sich, daß das außer einer liebevoll-boshaften Familiengrad-Bezeichnung in Berlin auch ein Spitzname für die Homosexuellen ist, blickte in die feilgebotene Druckschrift und sah vor sich eine Aprilnummer der homosexuellen Fachzeitschrift »Der Eigene«, worin das »normal empfindende« Deutschland verspottet und zum Beitritt in die verpönte Veranlagung aufgefordert wird.

Der Absatz dieser Festschrift soll, wie die Kolporteure erzählen, in die Hunderttausende gehen. Mindestens fällt es keinem bei, die Straßenfeilbietung zu inhibieren oder den Herausgeber mit Mord zu bedrohen. Der Aufschrei der deutschen Moral und der Werberuf des deutschen Homosexuellen, sie haben im großen Berlin nebeneinander Platz. Aber – sieht das eine nicht beinahe wie eine Erklärung fürs andere aus? Hie der Appell an die »blonden Mädels«, dort der Appell der blonden Buben?

Immerzu rief von der einen Seite der Zeitungsmann: »... geile Judenbengels ...«, und immerzu erwiderte ihm von der anderen das Echo: »Die Tante ... Die Tante ...« Zwischendurch aber marschierte mit Fahnen, Musik und riesengroßen schwarzen Hakenkreuzen, Kopf hoch, Hand am Knauf, Deutschlands völkische Jugend.

»Brandstifter, um Feuerwehrhauptmann zu sein«

So hieß vor einigen Tagen eine Notizenüberschrift in Berliner Blättern. Man erinnerte sich zuerst einer frappant ähnlichen Aufschrift, die kurz vorher in Wiener Blättern stand: »Die Kindesmörderin als Jungfernpräsidentin«. Und in der Tat, zwischen den beiden Begebenheiten war ein Zusammenhang. Das Tiroler Dienstmädchen hatte einen Säugling aus der Welt geschafft, um einer hohen Moralcharge teilhaftig zu werden (Jungfernbundpräsidentin) – der Berliner 19jährige hatte innerhalb eines halben Jahres drei schwere Brandstiftungen begangen, um in seiner Feuerkolonne als Brandlöscher Auszeichnungen zu erhalten, vielleicht zum Feuerwehrhauptmann zu avancieren. Gibt es eine überdeutlichere politische Allegorie? Kann das Geschäft der Nationalverhetzer, der Militaristen und Phrasen-Zündler in einer besseren Fabeltracht auftauchen als in dieser? Klingt sie nicht geradezu wie aus der Holländers Multatuli Fragmentenbuch zitiert?

Brände stiften, um Bandlöscher zu werden, Kinder meucheln, um Sittlichkeitspräsidentin zu sein, das ist ihrer aller Lieblingsberuf, die für ihr kleinliches Patzigkeits- und Tätigkeitsbedürfnis, für ihre Freude an Rang, Titel und Tracht, eine eingeäscherte und gemeuchelte Menschheit brauchen.

In den Berliner Wahltagen hing auf der Straße ein Bild Hindenburgs mit der Aufschrift: »Der Retter«. Ich las es als Umkehr der morgendlichen Zeitungsnotiz: »Brandstifter, um Feuerwehrhauptmann zu sein«.

Fahneneid

Das seltsame Ergebnis des Sieges, den die schwarz-weiß-rote über die schwarz-rot-goldene Fahne errang, besteht also darin, daß der Sieger zunächst den Schwur auf die Fahne der Unterlegenen (schwarz-rot-gold) ablegen wird.

Er wird bei ihr schwören, allen Ansprüchen und Verlokkungen der Siegerfahne zu entsagen und der Farbe der

Unterlegenen stets seine Treue zu bewahren. Ob und wie er es tun wird – wie er sich aus diesem Widerspruch zwischen Gesinnung und Staatszeremoniell herausziehen wird, das ist die Frage, die heute das politische Berlin beschäftigt.

Vorderhand sind zur Ausklärung der Kampfluft und zur Überleitung in die neue Ära beiderseits die Fahnen eingezogen worden. Schwarz-Rot-Gold wie Schwarz-Weiß-Rot ist aus den Straßen verschwunden.

Vor acht Tagen war es erheblich anders. Da sah die Stadt wie eine Residenz aus, die unter einem Doppelkönigtum steht und beiden Herrschern auf einmal huldigt. Flaggengala des Streites. Der Neuankömmling, der Berlin in den letzten Jahren nicht gesehen hatte, war zunächst erstaunt über das viele Schwarz-Rot-Gold, über die Selbstverständlichkeit und den Mut, mit dem eine gleichsam kriegsaufgezwungene Gesinnung sich als selbsterwählte deklarierte. In den Straßen der Reichen allerdings wirkte das windflatternde politische Bekenntnis oft bloß wie ein Glaubensbekenntnis. Und ein Wiener, der im offenen Wagen mitten durchfuhr, formulierte diesen Eindruck dahin: Früher habe man sich vor dem Hausbesorger geschämt, die ominöse Rubrik im Meldezettel auszufüllen, jetzt hänge man ihre Ausfüllung geradezu auf die Straße.

Der Farbenstreit ruht. Zehn Tage Vergessen müssen es dem Bürger plausibel machen, daß der schwarz-weiß-rote Sieger den schwarz-rot-goldenen Eid leisten – soll.

Die Stunde, 3. Jg., Nr. 647,
6. Mai 1925, S. 5 (Anton)

Abschied vom Grafen Sternberg

Ich winke dem Grafen Sternberg, dem ich mich durch manches Talent zur polizeilichen Abschaffbarkeit in Blut und Hirn verbunden weiß, hier meinen Abschiedsgruß! Der *in effigie* Ausgewiesene dem faktisch und endgültig Ausgewiesenen!

Wie oft habe ich zu dem Mann, der zu den an den Fingern abzählbaren Wirklichkeitsmenschen gehört, um derentwillen das Leben in dieser vermoderten und verkropften oder von einem gespenstischen Itzig-Geist bevölkerten Stadt noch eine Freude sein könnte, warnend also gesprochen:

»Graf, geben Sie acht! Menschen Ihrer Art haben es im heutigen Oesterreich schwer. Sie tragen einen Makel, der Ihnen zum Verderben werden kann: Sie sind *auffällig!* Brauche ich Ihnen, dem alten Parlamentarier und Oesterreichkenner, zu sagen, was das heute heißt? Sie wissen, daß wir weder wie früher von Herren, noch – wie es mein Ideal wäre – von freien Männern, sondern mehr von Freigelassenen regiert werden, von den ehemals Minderchargierten der Bureaukratie, die ängstlich in die Knie wippten, so oft durch den Anhauch irgendeiner geheimen Staats-, Kabinetts- und Hofkanzlei die Telephonklingel sich in Bewegung setzte. Und Sie wissen, daß diese Akzessisten- (sehr wohl zu unterscheiden von der vormaligen, tiefgebildeten Sektionschefs-) Bureaukratie zudem nicht wienerischer Herkunft ist, also nicht einmal den Vorteil hat, für den Mangel an Weltbildung wenigstens ein Gefühl für Weltstadt zu besitzen, sondern vielfach aus den uniierten, gegen Wien aufgebrachten Dodel-Landen stammt. Sehr richtig haben Sie in einem Vortrag die lähmende Vorherrschaft dieser Sippe als »Pöbel-Diktatur« bezeichnet – leider aber zum mißverstehenden Aerger jener linksgerichteten Zeitungsschreiber, die aus ihrer veralteten, unrealen, die Welt wie vor zwanzig Jahren noch in »Fürschten« und »Gewöhnliche Sterbliche« einteilenden Schabloneneinstellung und einer Art chronischen plebejischen Mißachtungsgefühl in jedem gräflichen Politiker oder Schriftsteller vor allem einmal den Grafen sehen und das »Pöbel« schuldbewußte auf sich und die Sozialisten bezogen!

Nun können Sie sich also ausmalen, welches Staatsverbrechen Sie schon allein durch Ihre »Auffälligkeit« begehen. Die pseudodemokratischen Lakaien, die als Herren über unsere Demokratie eingesetzt sind, können sich, was sie unter der Fuchtel nicht durften, ausleben. »Demokratie« ist ihnen bei gleichgebliebenem Kniezittern vor jenen, die über sie Macht haben, ein Mittel, sich an den anderen, vogelfrei Gewordenen gütlich zu tun, an die sie bisher nicht herankonnten. »Demokratie« ist ihnen ein Vorwand, unter die Betten, in die Schüsseln, durch die Schlüssellöcher zu gucken und ungebändigt durch ein Diktat von oben oder unten über den Staatsbürger eine Schulaufsicht zu üben. Sehen Sie, das ist – wie ich unlängst vor Tschechen in einem Prager Vortrag sagte – der Unterschied zwischen den Oesterreichern von einst und jetzt: Schüler waren wir als Staatsuntertanen immer; aber früher waren wir Gymnasialschüler und unsere Professoren – die rangshöheren Bureaukraten – mußten zumindest mit uns per

Sie reden, durften uns auf der Straße nicht wegen Zigarettenrauchens stellen; heute, wo aus dem Staatsgymnasium »Großösterreich« die Bürgerschule »Deutschösterreich« wurde, sind wir zu Bürgerschülern herabgesunken; die Lehrer sind mit uns per Du und hauen uns auf der Straße das Zigarettl aus dem Mund.

Begreifen Sie nicht, Graf, daß Lehrer nur unauffällige, eierköpfige Musterschüler vor sich sehen wollen, blaßwangige und temperamentslose Duckmäuser, die um 8 Uhr ins Amt gehen, leise sprechen, kein Aergernis geben, die Behörde in Ruhe lassen und nicht um den geringsten Originalitätszipfel über ihre Lehrer hinauswachsen? Wissen Sie nicht, daß jeder, der in dieses vorgestellte Prokrustesbett der Idiotie nicht hineinpaßt, schon Anstoß erregt und auf eine schlechte Beschreibung gefaßt sein kann?

Nun denken Sie aber daran, was Sie treiben! Sie haben keine ausgesprochene, festgelegte Gesinnung, sondern ein Weltbild, aus dem sich fallweise Ihre Gesinnungen ergeben. Ich habe Sie einmal mit Stendhal verglichen (Sie selbst tun es ja zuweilen – übrigens wissen Sie doch, daß er vom Polizeipräsidenten der Dreißigerjahre, dem Grafen Sedlnitzky, ebenfalls aus Oesterreich ausgewiesen wurde?) – die vorerwähnten Plebejer, die, wenn ich einmal für Sie eintrete, rufen werden: »Graf Kuh emotioniert sich!«, machten dazu ihr Gemecker: Sternberg-Stendhal! Nun weiß ich recht gut, daß Sie ein bißchen schleuderhaft, unmethodisch und mehr österreichischer Kavallerist als französischer Literat sind. Aber Sie sind vorurteilslos, amoralisch, ritterlich, romantisch, klarsichtig, Sie können – wie Sie's taten – für einen Justizmord erglühen, mag er sich »Fall Pruscha« oder »Kadivec« nennen! Sie lieben den Geist und hassen die erdkriechende Vernünftelei, Sie sind Raufbold und Rhetor. Sie haben durch einen unverschämt aufknallenden Witz manchen Feind getötet, Ihre Redeweise ist ziemlich metaphernlos – kurz, Sie stehen, wie wir einmal übereinkamen, auf dem idealen Grenzpunkt, wo der Anarchist dem Aristokraten die Hand reicht. Möglich, daß Sie recht haben, wenn Sie diese Fülle paradoxer Eigenschaften, Ihre Zeit-Ungemäßheit und

-Unbotmäßigkeit mit der Tatsache erklären, daß Ihre Vorväter immer erst nach dem fünfzigsten Lebensjahr zeugten, Ihr Großvater noch Leutnant unter Maria Theresia war, daß Sie also eigentlich und bei normaler Deszendenz in eine andere, wildere, vielleicht in die Zeit der Koalitionskriege gehörten.

Jedenfalls entspringen hieraus gefährliche Umstände. Sie sprechen sehr laut, Sie geraten leicht in Feuer, Sie gehen auf der Straße oft ohne Hut, Sie brauchen hie und da, wie wir alle etwas Alkohol, um sich im Hochdruck der Hirn- und Phantasieanspannung zu halten und nicht zum Bewußtsein zu kommen, daß Sie im Deutschösterreich von 1925 leben. Geben Sie acht, einmal wird Ihnen dann ein unvorsichtiges Wort entschlüpfen, einmal wird man Ihnen Ihre sehr gescheiten, richtigen Sätze, gegen die heimische Pöbelverschwörung von Bureaukratie, Justiz und Polizei, der sich als Protektionskinder noch etliche feudale Schmarotzer anhängen, als »antirepublikanische« Bekenntnisse vom Mund reißen. – Nichts leichter als dies, da Sie doch bei aller revolutionärer Gesinntheit »Graf« sind – und dann ist es aus und geschehen.

»Geben Sie acht! – Deutschösterreich hat keinen Sinn für Originale!«

So sprach ich. Der gute Graf hat sich nicht raten lassen, weder von mir, noch von anderen. So geht uns einer der wenigen wirklichen Mitkämpfer und Pöbelhasser verloren, ein Habitué dieses Staates, den ich einer Million Zuständiger vorzog. Er hat sich paradoxerweise durch seine gegen die Republikaner wider Willen geführten Reden und bei den Monarchisten, die Republik spielen, um den Hals geredet.

Adieu, lieber Graf, ich habe das Los, »zuständig« zu sein. Mir blühen Amtshandlungen anderen Kalibers. Aber Sie zweifeln doch nicht daran, daß ich mich mit Ihnen, wie alle Unverdorrten und Wirklichkeitsvollen dieser Stadt, im Geiste mitausgewiesen fühle?

Neues Wiener Journal, 33. Jg., Nr. 11.363,
11. Juli 1925, S. 3–4 (Anton Kuh)

Berliner Abende. II.
Die Bergner als Christopherl

Der Wiener hat eine leidenschaftliche Liebe zu seinen sogenannten »Sprühteufeln«; will sagen zu jenen unermüdlich hopsenden, Mäulchen ziehenden, verschmitzten, die Beine von einem Tisch baumeln lassenden Geschöpfen, die sich so gern als schlimme Buben verkleiden und doch in keinem Moment das süße Mädi verleugnen können. Diese Transvestiten-Akte kitzeln ihm Herz und Gusto. Begönnerungsselig lächelt sein Auge. Er sagt »Lausbub!« und meint »Katzerl!« Und legt hohen Wert darauf, daß an dem himmlischen Hosen-Wesen leiblich und seelisch die Popomasse merkbar sei.

Die Erfüllung dieses Wunsches nennt er Grazie.

Aber wahre Anmut ist natürlich popolos. Und der wirkliche Liebreiz strömt nicht aus der Verkleidung, sondern aus der Verwandlung.

Der Christopherl der Bergner ist eine Genieprobe aufs Exempel. Wiener Experten mögen nach Berlin kommen und sie begutachten!

Ihr Gesicht sieht durch den strohgelben Haarschopf völlig verändert aus. Nicht mehr seraphisch-spitzmäusig, sondern süß und keck wie das Antlitz eines vielbegehrten Liftboys. Ihrer Energie gelingt, was nicht einmal Herr Bronnen (geb. Wien, II.) so geschickt zustande bringt: sich aus Braun in Blond zu verwandeln.

Sie springt und dienert um den Dienstherrn Zangler nicht in wippender Mädchenart, sondern eckiger, steiffüßiger als jeder Bub. Und ihre Stimme braucht sich gar nicht zu verstellen, sie mutiert innerhalb eines Satzes, eines Wortes, hat bald – wie in der köstlich gestammelten Dankansprache an den Prinzipal – das Blecherne, Pülcherische des Wiener Lehrknaben, der etwas »aufsagt« und dessen Litaneienton in Frechheit umkippt, bald das gefistelt Schnippische einer Tratschen. Und wenn sie sich dann den Hut und Mantel des Mündels Marie umspült und Mädchentöne kopiert, dann klingt diese Stimme nicht aus Künstlichkeit zum Urton rückverwandelt, sondern tatsächlich als boshafter Lausbuben-Spott.

Sie muß die Tonfälle der Wiener Gasse genial in ihr Ohr gefangen haben. Die ganze I. B klingt da durch, alle Phonetik des Anmäuerl-Spiels und aller Antisemitismus des gezwungenen Hochdeutsch; förmlich wie zur Rache an dem Schulzimmer und der Vorortgasse, wo sie ihre Jugend verlebte. Und dennoch erfüllt sich die leise Vorausbefürchtung nicht, daß sie etwa nach dem Beispiel der urechten Kabarettweaner zu der Schablone des mundartlich parodierten Hochdeutsch ihre Zuflucht nehmen werde. Jede Silbe hält strenger Dialektprüfung stand.

Hier ist also einmal der Wiener Original-Schlingel. Ein Lausbub, der seine Grazie nicht erst aus der Geschlechtstäuschung bestreitet. Sondern beinah umgekehrt, aus der Unweiblichkeit – –

Als mich die Bergner später daran erinnerte, daß sie sich schon vor Jahren in Wien als Christopherl versucht habe, ohne mein Lob zu finden, stand ich zuerst sprachlos. Weggewischt, ausgelöscht! Ich muß also für ihren Fall den Satz revozieren, den ich einmal in einem Vortrag sprach: wenn man von einem Schauspieler, der in Wien keine Größe war und in Berlin zu einer wurde, sagt, er sei »gewachsen«, so heiße das: seine Chuzpe sei gewachsen.

Die Wiener haben nicht viel Aussicht, diesen Christopherl zu sehen. Denn er ist in den Rahmen einer trotz Radetzkymarsch, Heurigenlied und ähnlicher Berlin-Konzessionen so entzückenden, einfallsfrohen Aufführung des »Jux« gestellt (der junge, aus Wien stammende Regisseur Leo *Mittler* war ihr Urheber), daß etwa das Burgtheater, das zur Pflege volkstümlicher, österreichischer Kunst lieber zehn schlechte als einen guten Nestroy-Abend gibt, sich diese Schmutzkonkurrenz, die seine Palastrevolutionen lächerlich macht, energisch verbitten müßte.

Die Stunde, 4. Jg., Nr. 906,
17. März 1926, S. 5 (Anton Kuh)

Einer, der Wien haßt

Gegen die Überfüllung Berlins mit Wiener Kabarettiers

Berlin, im März

Dem Herrn Max *Herrmann* (Neiße) – einem jener Linksaußen-Glossisten des Deutschtums, denen im Augenblick, wo sie im Journalismus unterkriechen dürfen, schwarze Brillenränder ums Aug' wachsen – ist im »Berliner Tageblatt« allmonatlich die Berliner Kabarett-Schau ausgeliefert.

Statt nun mit Grazie die Scham zu bemänteln, daß er sich einer so schutzbedürftigen, windigen Materie voll Rigorosität nahen müsse, und jenen Ton ausfindig zu machen, der zwischen Ironie und Gutmütigkeit liegt, stürzt sich dieser Max amtsfroh in seine Aufgabe, stellt Seriositätskanonen gegen eine Front auf, die nur von der Duldung der Zeitgenossen lebt.

Das ist eine Art Vertragsbruch; ein Sprung aus dem Enfant-terrible-Hinterhalt. Aber begreiflich, wenn man die Wonne in Betracht zieht, irgendwo Richter sein zu dürfen.

Max Neiße (Herrmann) müßte sich sagen, daß das heutige Kabarett in Bausch und Bogen eine Peinlichkeit ist; und um so peinlicher, je mehr auf die Marke »Kleinkunst« erpicht, je prätentiöser, versnobter aufgetan. Großstadt-Realistik, Dirnenballaden mit Scheinwerfer, mit dem Bein ausgeführte Essays«, Aphoriiiismen, Bänkelgschnas sollten ihm ein Greuel sein. Statt dessen eifert er gegen die »Verwienerung« und die »Weana«.

Nun, es ist nicht immer leicht, für sie eine Lanze zu brechen. Aber noch schwerer, sich für die eine oder andere ethnographische Nuance des Kabaretts zu entscheiden. Ob Patschweichheit, Anbiederung, Zwinkergemüt, mondänes Gemauschel – oder »Justav jib die Chose her«, Keßheit, »Mal-ran«-Rhythmus und Poliiitiiik, das ist bajuvarisch gehüpft wie borussisch gesprungen. Ja, man könnte sagen, daß die Wiener Ausgabe ihre Unseriosität und Selbstverulkung voraus hat. (Dies wird ja auch einer der Gründe sein, warum die Berliner Kabaretts so viele Wiener Kräfte heranziehen.)

Max Herrmann hingegen, gestern noch über allen kulturellen Gipfeln, verwandelt sich im Rezensionsfall sofort in den jovial-militanten »Bundesbruda«. Um kein Jota besser als der Kammrrad, der dem dusligen Össrrreicha auf die Schultern klopft. Und bietet das ganze Geringschätzungsvokabular dafür auf.

Schlüge er mit derselben Hand auch nach rechts, ließe keinen Zweifel darüber, daß er die Marke Berlin genau so über hat, es wäre nichts dagegen zu sagen. Aber die Lobverteilung ist ja hier das Verräterische. Er leidet absolut nicht unter den befrackten Esprit-Oberkellnern da oben, sofern sie Berliner Mundart sprechen, er liebt sichtlich die aus dirnenbleichgefärbten Gesichtern anspringenden Zellen:

»Nu rrinn in den Kanal«

oder

»Wenn unsa Deutschland seinen Willem wieda hat«

oder

»Mensch, du brauchst Marie« –

– er sieht gerne die Drehung verschmockter Tanzleiber, er ist nun einmal für die »Kleinkunst«. Seine Pathos- und Seriositäts-Entschlossenheit macht eben wie bei allen diesen Schwarzbebrillten auch vor solchen Rayons nicht halt, die eigentlich deren Entthronung dienen. (Getreu dem Stil jenes Berliner Rezensenten, der mir, als ich einst in Berlin einen Vortrag über Dadaismus hielt, den Vorwurf machte, ich hätte den Dadaismus nicht ernst genommen.)

Da möchte ich ihm aber doch raten, sich einmal eine Berliner-Kabarett-Parodie des von ihm unter so strenge Lupe genommenen Professors Wiesenthal anzuhören: das Dramolett »Das tote Kind«, Dirnenlieder, einiche Aphoriiiismen und Schnurren ...

Vielleicht ginge ihm dann ein Licht darüber auf, daß dessen »verbindliche, legere, schmusige Art« stephansturm-, nein, eiffelturmhoch über dem abgeschmackten Kultur-Geblödel steht, das hierzulande als größte Kleinkunst gilt. Daß eben dieser Zynismus als Ad- absurdum-Führung alles deutschen Pathos und als naturburschenhafte, naive Kabarett-Persiflierung ansprechender, humorvoller und überlegener ist als die auch im Spaß nicht der »Berliner-Tageblatt«-Essays vergessende Fatzkerei mit ihren Sentenzen-Ansagern, Sozial-Stürmern, Knochenweibern, ihrer chronischen Unheiterkeit in den Adjektiven, die ein Max Herrmann (Neiße) daraus schindet.

Die Stunde, 4. Jg., Nr. 913,
25. März 1926, S. 5 (Anton Kuh)

Eine Wien-Insel in Berlin

Sie befindet sich in der Neuen Wilhelms-Straße, unmittelbar hinter den großen Hotels.

Wien-Insel – das ist nicht landsmannschaftlich gemeint; solcher Inseln gäbe es, literarisch, journalistisch, gesellschaftlich genug.

Das Wienerische der Örtlichkeit, von der hier die Rede ist, liegt in der ruhigen Feudalität, in der Mischung aus Rendezvousplatz und Geschäftsraum, Plausch und Kauf, für die bislang Berlin kein Terrain bot.

Sofern du nämlich, Berlin-Fahrer, mittags zwischen 12 und 1 Uhr oder nachmittags zwischen 5 und 6 Uhr das Filialgeschäft Knižes (des Wiener Schneiders) betrittst, bietet sich dir folgendes Bild:

An einem Tischchen vorn trinkt Baron Rothschild mit Grafen Wedel sein Glas Tee. Ein original echter, persischer Thronanwärter kampiert daneben; im Hintergrund, nach Bedarf, Filmsterne, bei einem Fläschchen Kognak.

Das Haus ist beileibe keine Frühstücksstube, kein Five-o'clock-Raum, aber das wienerische Geschäftstempo, die Konversation beim Einkauf, haben es mit der Zeit dazu gemacht …

Aus: Berliner Notizen. In: Die Stunde, 4. Jg., Nr. 920, 2. April 1926, S. 5 (k.)

Die graue Krawatte

Vergleiche zwischen Wien und Berlin sind aus der Mode. Die Geschichte hat einen Feuilletonstoff kassiert. Aber wie könnte man sich bei einer Berliner Theaterpremiere des Bildes erwehren, das die gleiche Begebenheit in Wien bietet?

In Wien: Festlichkeit, Freude, Unterhaltungsbereitschaft im Publikum; Eintracht in diesem Vorsatz, Schaustellung wechselseitiger Aufgeräumtheit, Feiertagsmienen. – Das Beisammensein geht über den Anlaß. Denn Theater bedeutet hier wie eh und je eine Gesellschaftssache.

In Berlin: Strenger Ernst. Zugeknöpftheit. Smoking à la glace. Wechselseitige Legitimierung der Bedeutendheiten. Versuch, mit vollster Würde die Impression zu vertreten, die man einander bedeutet, auf der Höhe seines Namens zu stehen. Denn: Theater ist hier eine Fleißaufgabe fürs Gehirn, ein Abiturium der Urteilsfähigkeit.

Aber sintemalen man auch zum Abiturium den besten Rock anzieht, ist der Geruch wenigstens kein schlechter. Die Augen mögen: »Noli me tangere!« sagen, die Leiber hüllen sich in Geselligkeit. Man weiß, daß der Aufwand, mit dem der Regisseur und Direktor da oben seinen Gästen das kapitalistische Zaubermärchen »Komödie« vormacht, ein Entgegenkommen von unten voraussetzt. Erhebt er ihnen, ihrer Lust, Gesinnung, Unterhaltungssucht und sozialer Stellung zuliebe den Frack zum Mittelpunkt der Dinge, so werden sie gewiß nicht im Bauernjanker erscheinen.

Ein Minimalgesetz des Taktes.

Ich sah es unlängst wieder bei Reinhardt in der »Komödie« – es war der wundervolle Abend von »Viktoria« – erfreulich bestätigt. Glanz, Schmuck, Decolletés, Frack, Smoking.

Einige Herren bloß erschienen im anspruchsloseren Habit: die Kritiker.

Ja einer von ihnen, ein Unerbittlicher, dem zwar solche Späße von vorweg nicht so gut gefallen wie dynamisch triefender Wortschweiß, hatte einen grünen Rock an und eine graue Krawatte.

Ich bin kein Brummel – aber zielen nicht gerade die schreibenden Seriöslinge nach den Lorbeeren dieses Gentleman, beanspruchen den Rang von »Brummels der Unélégance«?

Begreiflich, daß sie ausdrücken wollen: »Für uns gibt's da nichts zu lachen. Wir kommen nicht als frivole Genießer her, sondern in Ausübung unserer schweren Pflicht. Der Direktor, Regisseur, Mime, Beleuchter zeige, was er kann – unsere Hirne sind in Bereitschaft!«

Gemacht, ernstes Schwarz genügt. Aber warum der grüne Rock und die graue Krawatte? Wozu dieses kostümierte »Zehn Schritt vom Leib!«?

Offenbar soll darin der unnahbare Ernst einer Forderung Ausdruck finden. Die Erwartung nicht so sehr zelebraler als zerebraler Eindrücke.

Ich habe den Herrn mit der grauen Krawatte stark im Verdacht, daß er sich für die Premieren eigens in Werktagstoilette wirft. Ja, daß er, wenn ihn ein unglücklicher Zufall vor 7 Uhr abends im Smoking antrifft, dieses Kleidungsstück knapp vor Vorstellungsbeginn gegen den Bureaurock eintauscht.

Mir ist darum auch die Lektüre seiner kritischen Streifzüge erspart. Ich kann genau von seiner grauen Krawatte ablesen, welchen Kardinal-Irrtümern er sich hinsichtlich der Institution des Theaters im allgemeinen und einer Reinhardt-Komödie im besonderen hingibt.

Das Tage-Buch, 7. Jg., Heft 17,
24. April 1926, S. 571–572 (Anton Kuh)

Der Deutsche und sein Hut

Oft und oft in Nächten, wo die mondbeschienene Unterhose auf dem Sessel wie das Haupt der Gorgo nach mir blickte, hat mich die Frage nach dem höchst wunderlichen Verhältnis beschäftigt, in dem der Deutsche zu seinem Hut steht. Zwei Stunden später glühte mein Kopf von einem Pamphlet.

Bei Tageslicht aber blieb – wir legen uns alle als Nietzsches nieder und stehen als Mitarbeiter auf – nichts als die ausgekühlte Betrachtung davon übrig, die hier folgt. –

Der Kopf, der kriegerischste Teil des Körpers, widerstrebte vom Anbeginn der menschlichen Entwicklung an einer pazifistischen Bedeckung. Er empfand sie als unedel, lächerlich und überflüssig. Überdies als architektonischen Aufputz, der der Absicht der Schöpfung zuwiderlief, das Gebäude Mensch nordwärts eben mit ihm, dem Kopfe, abzuschließen. Der Höhentrieb des Körpers schien ja damit gedeftet, die Verbindung zwischen Stirn und Gestirn unterbrochen.

Der Urzeitmensch verschmähte darum sogar den Helm, die mitgewachsene Schutzwehr. Schlimmstenfalls ließ er sein Haupt mit einer Hahnenfeder frohlocken, dem Schmuck auch da noch zugeneigter als dem Schutz.

Studien über die »Erkältungskrankheiten in der Bronzezeit« mögen dieses Gebaren *ad absurdum* führen – die Friseure unserer Zeit unterstreichen wieder den Wert der Barhäuptigkeit.

Aber der Mensch pazifizierte sich. Er bekam Nasenpolypen und Bürgerehre. Er erfand den Hut.

Es war eine Verlegenheitsmaßregel. Wie ließ sich dabei die Lächerlichkeit umgehen, die Ehrbarkeit mildern und die Anmaßung des verlängerten, hochgetürmten Kopfs abdämpfen? Wie vor allem eine Form ersinnen, die sich dem Schädelrund gleich einer Haube anpaßte und dem elliptoidischen Gedanken der Schöpfung nicht kantig widerstritte?

Kein Zweifel: das Problem war weniger vom Hut als vom Kopf aus lösbar. Es kam einfach auf die Fasson des Tragens an. Das Befremden, die leichte Verlegenheit, das architektonische Schuldbewußtsein, einen Hut auf dem Haupt zu tragen, mußte im Träger zum Ausdruck kommen – der Kopf den Hut sabotieren. Nur so war diesem zu helfen.

Seither kommen die Völker verschiedentlich drüber hinweg, je nach Art und Klima. Die Franzosen, keck wie in allem, gehen am weitesten: sie stülpen sich den Hut, den sie nicht los werden können, über die Ohren, zerren ihn gleichsam zum Leib herab, ernennen ihn durch diese Degradierung zum Körperteil. Die Tschechen, friedlich geartet, die Baupoliere am babylonischen Turmbau, legen sich mit ihm die Sorgen warm; sie tragen ihn waagrecht, solid, wie ein Nutzobjekt. Die Italiener, schmuckfreudig, triumphatorisch, lieben den breitkrempigen steifen Filz, der von ferne leuchtet. Die Österreicher – oh, nicht weil ich ihr Landsmann bin! – haben das Gebrauchsgeheimnis. Sie schämen sich am meisten der Scharfkantigkeit, des geometrischen Pathos, die Geschichte hat sie zu reizendwindelweich gerieben! Darum drückt ihr zerknetschter schief sitzender Hut, darf er sich schon dem Kopf nicht ganz fügen, den Willen zur Selbstverachtung aus, die Bereitschaft, auf Wunsch nachzugeben und herunterzufliegen. Im Landesidiom heißt das »schiaberisch«. (Aus der Vorkriegssprache, wo das Wort prädikative und nicht subjektive Bedeutung hatte.) Aus dieser Neigung hassen die Wiener einen neuen Hut. Sie tauschen lieber den alten gegen einen noch älteren um. Und die Aristokraten, heute noch vorbildlich in der Pathoslosigkeit der Kleidung, legen den frisch gekauften Hut zunächst einmal eine Nacht lang in Wasser, damit er sich aufweicht.

Ganz einsam im Weltenraum der Hüte aber steht der Deutsche.

Scham, menschliche Verlegenheit, Bedürfnis nach melodischer Angleichung sind ihm fremd. Wie? Was? Wovor sich schämen? Worüber verlegen sein? Hat der Gott, der Hüte wachsen ließ, nicht auch die Ecken und Vorsprünge des Schädels geschaffen? Stürzt des Feldherrn Nacken nicht wie ein Granitfels in den Kragen? Ist nicht alles, was sich aufreckt, strotzend das Aug herausfordert, dem Trotz ein Wohlgefallen? Wem der Hut nicht recht ist, der mag sich am Schädel versuchen!

Der Deutsche empfindet den Hut nicht als Störung; er gebraucht ihn nicht als Abschluß; sondern er trägt ihn, aus gerechtem Hang zur Vollständigkeit – aus Patriotismus zur Geometrie wollen wir sagen! –, als Dach. Der Kopf, zum Vorgesetzten seiner Bedeckung bestimmt, durch die Vergrößerung imponierbereiter, sinkt faktisch zum Hut-Träger herab. Das Würdendach ist steif und fest.

Nun wäre es allerdings leicht, diese Eigentümlichkeit aus dem Militarismus abzuleiten. Die Deutschen sind daran gewöhnt, Sturmhelme, Offiziersmützen, nicht Hüte zu tragen. Der Hut ist bei ihnen also ein in den Reservestand übersetzter Helm, Soldatenkappe a. D. Doch gibt dieses Motiv nur für die Hälfte der Hut-Träger eine Erläuterung. Wie verhält es sich mit jenen anderen, deren Hüte so neckisch-klein, ganz vorn auf den Stirnrand sitzen, daß das restliche Schädel-Ei erzern herauswurstet und die Augen wohl oder übel einen spöttisch fragenden Zug bekommen: »Wie gefall' ich euch? Wie gefallt ihr mir?« Wer will diesen Gebrauch des Hutes als Clownkäppi des Lebensernsts verstehen? ... Oder, o weh, stellt er sich da nicht als eine Amtskappe des Übermuts dar? Als Rest einer vorzeitlichen Liebe zum Schwung?

Ich habe noch keinen Ichthyosaurus mit Zylinder gesehen; Herakles trug kein Steirerhütel; doch wär' beides verträglich mit dem Bild eines schnippischen Untertanen. Der Deutsche, in besserer Hut als dem Hut, nimmt diesen unstreitig zu wichtig. Er ahnt nicht, wie melancholisch dieses Signal einer bedeckten Gesinnung wirkt, wenn es Sorglosigkeit künden soll. Er ermangelt, um Hut-Träger von Gottes Gnaden zu sein, noch des Hasses gegen die starre Linie.

Aber hat er nicht historisch und politisch tausendmal recht? ... Im alten Österreich gab es ein Monturmerkmal, das hieß: der »Wuk«. Was war das? Die Soldaten, umgekehrt zu Deutschland, Zivilisten im Militärstand, trugen ihre Kappen als Hüte z. D.; ja sie vertrugen deren symmetrisches, steifes Rund so wenig, daß sie es, gerade beim Knopf, eindrückten. Den Generälen und Feldzeugmeistern gefiel das; es gab der Disziplin etwas Schwungvolles, Marschlustigkeit, Heimatfreude. Der Wuk war also nicht bloß geduldet – er wurde Vorschrift. Die Eintepschung als Statut – wer nennt mir ein netteres Staats-Symbol?

Allerdings: Österreich verging. Es blieb von ihm nichts, als die eingedrückte Stelle zwischen Pressburg und Innsbruck – der Wuk.

Das mag dem deutschen Hut-Träger ein Trost sein. Zerbröckeln auch die Linien der Welt, erweichen sich Ränder, schmelzen Ecken zu Melodien – er bleibt bei Kant und der Kante!

Simplicissimus, 31. Jg. (1926/27), Nr. 4,
26. April 1926, S. 62 (Anton Kuh)

Der Wiener in Berlin und der Berliner aus Wien

Was ich nach einem Vortrag erlebte

Frag, wen du willst – es ist immer das gleiche!

Ich hatte auf Theodor Taggers Einladung im neu renovierten Renaissancetheater einen Vortrag gehalten; unter dem Titel »Külz und Kunst« und über das Thema »Die Grenzen des Erlaubten«. (Die Unterscheidung ist wichtig, denn gewisse Sachlichkeitsfritze rieben mir nachher, statt aufs Thema einzugehen, den Titel unter die Nase.)

Es war mittags zwölf Uhr, nach dem Presseball; sollte ich da pathetisch, amüsant, ja nur überzeugt sein, so müßte ein Gotteswunder geschehen. Ich salvierte mich immerhin mit der Bemerkung, daß ich um diese Zeit keine Weltanschauung zu besitzen pflege.

Die Sache verlief dennoch glücklich; zumindest erheiternd. Und ich kann bei aller Würdigung der gegen meine »Sachlichkeit« erhobenen Einwände – es hatte mir nichts geholfen, daß ich dieses Wort zerstückelt und programmatisch Unsachlichkeit verkündigt hatte – dem Rezensenten (der »Vossischen Zeitung«) nicht ganz unrecht geben, der am nächsten Tag schrieb, daß von meinen »mit urmimischer Rhetorik anderthalb Stunden lang aus dem Aermel geschossenen Einfällen ein Dutzend ›Literaten‹ mehrere Jahre leben könnten.«

Ja, so stand es zu lesen; da und dort; aber nicht überall. Da ich aus meiner Schande so wenig ein Hehl machen will wie aus meiner Ehre, sei zugegeben, daß einige jüngere und weniger junge Herren in ein paar Blättchen unter mancherlei ironischem Gefeix der Meinung Ausdruck gaben – nun, was denkt Ihr, welcher Meinung?

Daß ich, hihi, so der richtige Wiener sei, lose Zunge, weicher Kopp; Dampfplauderer ohne sachliches Rückgrat.

Zwar hatte ich – gerieben wie ich bin – auch da vorgebeugt; nämlich diese Rezensionstöne parodiert und seine Ausüber apostrophiert; doch auch dies vergeblich.

Aber, warum tat ich's und warum vergeblich?

Weil diese Herren ... Wiener waren.

Das ist nämlich die Geschichte. Eine gar nicht so private und persönliche Geschichte. Denn es gibt in den Berliner geistigen Betrieben (Literatur, Theater, Kino) augenblicklich – und kennzeichnenderweise genau seit der Markstabilisierung und dem Zustrom aus Oesterreich – eine ganz deutliche »Anti-Wien«-Stimmung; aller Orten verziehen sich Gesichter über die naja, kennwaschon, eure liebenswürdige, plauderhafte, espritvolle, duselige Note. Blickt man näher hin, horcht man genauer – sind's Wiener.

Doch um diese verzwackte Angelegenheit zu verstehen, muß man das ganze Problem »Wien in Berlin« aufrollen.

Mir schwebte einmal ein gar nicht übelwollendes Werk vor Augen, des Inhalts: »Wien II. erobert Deutschland.« Da wäre von manchem Triumph der Leopoldstadt die Rede gewesen; von der Bergner und Massary, von Fritz Kortner und Arnolt Bronnen (der hier allerdings noch ein Arnold und Bronner war).

Der Sieg dieser Menschen – bis etwa auf den zuletzt Genannten – war ihre Unverwandeltheit; die Tatsache, daß sie sich keine berlinische Maske aufsetzten. Aber wenn sie die Geschichte ihres Erfolges niederschrieben, könnten sie neben der Feststellung, daß ihr erstes Lob aus original Berliner Mündern klang, kaum verschweigen, wie hämisch und ängstlich die Landsleute in der Fremde zu ihnen standen. Das uralte Phänomen vom Bauer, der das Kreuz nicht grüßt, weil er den »Herrgott noch als Birnbaum« gekannt hat.

Diese Mitgewanderten, die seit zwei Jahrzehnten so manchen Berliner Betrieb füllen, waren daheim, in Wien, sozusagen zweite und dritte Garnitur; manchmal auch vierte. Sie übersiedelten, und ihre Farblosigkeit wurde ihr Glück. Denn der mißtrauische Berliner, dem Witz, Farbe, Munterkeit, Temperament, Phantasie oft auch in kleinerer Dosierung genügt, nahm sie für Sachlichkeit.

Nun, den also approbierten Zweite-, Dritte- und Vierte-Garnitur-Wienern war das noch zu wenig; sie begannen ihre Sprache zu verstellen; sie übersachlichten die Sachlichkeit; sie blickten voll mitleidiger Verachtung auf den armseligen Erdenwinkel an der Donau, dem sie entsprungen waren; sie seufzten, wenn von einem Neuankömmling aus der Heimat die Rede war: »Oohch! – so'n Wiener!« Vollendete Mimikry.

Wahrhaftig Mimikry? Ist der Berliner so?

Nein, er ist nicht so. Er beißt nicht, du brauchst dich vor ihm nicht zu fürchten. Wiener Art und Talent hat's bei ihm noch immer gut. Er liebt, was die anderen, die Maskierten, »schmusig« oder »mickerig« nennen. Er nimmt dich mit offenen Armen auf. Denn darin, das schlechtweg andere, das Eigenwüchsige, Fremdfarbige als Wert für sich zu betrachten, besteht ja – im Gegensatz zur Grätzlhysterie, die sich fälschlich so benennt – seine Sachlichkeit.

Die alte, ewig neue Geschichte! Die verrufenen Berliner Kaltschnauzen erwiesen sich mir als respektvoll und gnädig; sogar voll Wärme. Aber die Wiener – sie konnten nicht umhin. Und während der »Vorwärts« etwa meinen Vortrag »schon rein artistisch eine Meisterleistung« nannte, ja das führende deutschnationale Blatt, dessen Gesinnung und Anhang ich doch die saftigsten Wahrheiten an den Kopf geworfen hatte, mir die Anerkennung nicht versagte, ich hätte »geistige Streiflichter wie ein Feuerwerk aufsteigen lassen« – was sagten die Landsleute? Sie drapierten sich, wie immer, als »Berliner Stimmen«, »kalter Norden«. Einer überschrieb seinen Bericht »Wiener Mittagsschmus«; der andere – hab' ich das Bübchen nicht gerade durchs »Herrenhof« flitzen gesehen? – sprach von »Wiener kaffeehausliterarischer Einstellung«. Und so durch die Bank alle: »Wiener, Wiener!«, wie ein namens Luthers, Fontanes und Gneisenaus dem Süden zugeschleudertes »Hepp-hepp!«.

Mimikry? Nein. Oder nicht allein. Es wird, kommen Sie näher an mein Ohr, es müssen nicht alle hören, schon noch etwas anderes sein, nämlich: Angst vor der »ersten« Garnitur. Kenn ich euch Pappenheimer? Die ihr namens des Ethos bis in die Knochen eures Untalents zittert, wenn einer lauter und kühner redet als ihr? ...

Neues Wiener Journal, 35. Jg., Nr. 11.928,
6. Februar 1927, S. 10–11 (Anton Kuh)

Wien. Wie die Stadt war und wie sie ist

Zwei Seelen kämpfen ach! in meiner Brust: die eine schimpft und liebt, die andere lobpreist und verachtet. Mit der einen bin ich Bürger, mit der anderen Gesandter meiner Heimatstadt.

Seh' ich, wie den zugereisten Patentberlinern vom Schlage eines Kisch, Bronnen, Fränkel, Kortner die Lippe herabhängt, da sie das Wort »Wien« im Titel eines Aufsatzes erblicken, wie sich alsdann jeder Laufbursch der Betriebsamkeit in einen Horizont-Europäer verwandelt, wie jedes dürftige Ghetto-Gesicht vor Herablassung breit wird – dann möchte ich ausrufen: »Der letzte Pflasterer dieser verwünschten Stadt ist ein König gegen euch alle!« Malt sich gleich darauf das Bild wienerischer Gegenwart vor meinem Auge, mit Kleinkram und Großgetu', mit Nichtigkeit und Wichtigkeit, mit der Armut, die aus den Taschen in die Hirne kroch, seh' ich den provinziellen Gesinnungskoller vor mir, die Bettler-Strammheit und Katakombenereiferung, und über all dem den Staub geistiger Schäbigkeit, dann begreife ich die peinliche Pflicht, jemandem mit den Worten auf die Schulter zu tippen: »Machen Sie kein Aufsehen, mein Herr – Sie sind ja tot!« – was hier so viel heißt wie: »Sie liegen ja nicht mehr in Europa!«

Dem doppelten Bild entspricht eine doppelte Zeit-Perspektive; sagen wir: die von 1914 und die von 1927. Doch möchte ich hier, um mich nicht politischem Argwohn ans Messer zu liefern, hervorheben: daß ich mich bis auf weiteres und trotz mannigfachen gegenteiligen Erfahrungen lieber von einem ernannten als von einem gesalbten Kretin beherrschen lasse.

Also was heißt: »Wien von 1914« und »Wien von 1927«?

Das eine heißt: der *Wiener*. Der Wiener ist nämlich die einzige und wichtigste Realität dieser ansonsten aus schönen Luftfarben bestehenden Stadt. Der Wiener – H. E. Jacob, Norddeutscher, Berliner, Sie haben jetzt eine so schöne Raimund-Novelle geschrieben, sagen *Sie*'s den Leuten! Sagen Sie ihnen, wie wenig doch dieses rationalistische Gewehr-bei-Fuß- Stehen und intelligente Auf-dem-Sprung-sein, das in Berlin Botenjungen mit Kunstkönigen verbindet, gegen die Blickbeschränktheit eines hellenischen Schneidergesellen wiegt, der nie aus seiner engen Gasse herausschaut, dafür aber den ganzen Himmel über ihr in sein Gemüt auffängt und daß diese Borniertheit Weisheit des Gemütes und Genie bedeutet! Sagen Sie ihnen, daß der Wiener Paneuropäer des Herzens war, Jahrhunderte bevor der Graf Kalergi sich jenes Wort aus dem Modefinger zuzelte. Und vergessen Sie nicht die Ironie, die sich dagegen mit einem »Det wollma jarnich wissen!« wappnet, zu belehren, daß diese Gemütlichkeit nicht bloß ein leichter Duliähdampf, sondern oft geradezu französische Humanität ist!

Ich unterstütze Sie durch zwei Beispiele der letzten Jahre; eine kleine tschechische Bedienerin (notabene: Tschechenhaß hat es in Wien, wiewohl die Tschechen fast zehn Prozent der Bevölkerung bilden und Asch und Eger in Deutschböhmen den Wienern deshalb oft »Waschlappigkeit« vorwarfen, nie gegeben) war unschuldig – oder ohne Schuldbeweis – zu fünfzehn Jahren Kerkers verurteilt worden; wegen dieser armen, tschechischen, dabei nicht einmal menschlich sympathischen Frau gerieten – oh Humanität, du Geistesgegenwart des Rechtsgefühls! – zwei Millionen Menschen in Wallung; sie protestierten, diskutierten, gingen in Versammlungen; die Rundfrage einer Zeitung: »Ist diese Frau schuldig?« ergab ein

vielhunderttausendstimmiges »Nein!« Endergebnis: der Prozeß wird neu aufgenommen, die Frau freigesprochen. Und es wäre darüber fast zu einem Volksaufstand gekommen!

Beispiel Nr. 2: ein Schriftsteller, Herausgeber einer Wochenschrift, die es sich gewissermaßen zum Ziel setzte, die Psychoanalyse in Dienstbotenkreise zu tragen – aber derlei Bewegungen dürfen nur Gesellschaftsspiel sein! –, wurde von einem politisch gedungenen Jüngling ermordet. Der Schriftsteller war bei der einen Hälfte der Stadt so verhaßt wie bei der andern beliebt gewesen. Es kommt zum Prozeß – der Jüngling wird freigesprochen. Das Urteil gelangt spät nachts auf die Straße. Ich absolviere meinen allnächtlichen Bummel von Bar zu Bar, von Café zu Café. Und ich werde nie vergessen, wie kartätschenhaft die Meldung vom Freispruch in die Leute fuhr – unter die Küchenjungen, Kellner, Abortfrauen nicht minder als unter die dicksten und bösesten Tugendspießer –, wie im Augenblick eine einzige Leichenblässe der Empörung alle Wangen färbte und ein sehr katholischer, schmutz- und schundfeindlicher Fleischermeister an meinem Ohr vorbei ausrief: »Da siecht man wieder – die Geschwornen müssen reformiert werd'n!«

Oh, welcher wahre Revolutionsgeist könnte aus diesem Wesen gekeltert werden, wie wäre dieses Kleingemüt in große Politik umzumünzen! Aber – da beginnt eben das Malheur des Wieners, dieses heiteren, witzigen Türlaufmachers der Humanität: daß diese seine autochthone Art nie zur Herrschaft kam, sondern nur mißbraucht wurde; daß puritanische Schwarzalben und Papiertyrannen seine Seele in Pacht haben, daß ... doch halt! da bin ich ja mitten in 1927.

Um bei 14 zu bleiben: Ich kam unlängst nach Paris. Zum erstenmal. Freunde guckten mir auf Mund und Aug', welcher Begeisterungsstrahl nunmehr hervorspränge. Ich aber sagte: »Das schöne Wien!« Und auf ihre enttäuschten Gesichter: »Ja! ... Ihr meßt Paris an Berlin. Also am Ungleichen. Ich aber messe es am Gleichen, den Bois de Boulogne am Prater, den Boulevard des Capucines an der Ringstraße, die Oper an der Oper – den Pariser am Wiener. Ja, gewiß, der Wiener von heute ist ein mißvergnügter Kleinstädter. Aber stellt euch vor: der Wiener von 1914 wäre noch Großösterreicher! Heute, in der verwandelten Zeit! Hier das Volk ist gut und bös zugleich, human aus Gescheitheit, aus Machtgewohnheit. Doch der Wiener ist gut aus Güte und nobel wie die Begnügsamkeit. Mag sein, daß ihn erst die jahrhundertlange Uebung, großen Herren die Wagentür aufzumachen und mit Domestiken-Aug' durch das Gitter zu schielen, hinter dem es so hoch kaiserlich hergeht, selber in einen Aristokraten verwandelt hat. Aber er ist es! In allen Klassen und Ständen! Und wenn ich an den Berliner Betriebsamkeitsfritze denke, an diese Menschen, die sich zu allen Errungenschaften der Neuzeit im Handumdrehen noch rasch ein Stück Schönheits- und Kulturgut hinzuadoptieren möchten, an die kleinköpfigen, rinnäugigen Exilanten aus Oesterreich, die sich am Stammtisch im Schein ihrer armseligen Mark-Beute blähen, oder an die ratzekahlgeschorenen Gentlemen der Hotel-Halls, die sich für Weltleute halten, weil sie das Wort »Cocktail« oder »Prairie oyster« auszusprechen lernten – wie himmelhoch avanciert da der Wiener, der eben auch als Schienenputzer ein Feudalmensch in jenem wahren Sinn ist: daß er darauf pfeift, am Feierabend im neuen Cut auf einer Konditoreiterrasse zu sitzen und lieber ein »Sacher«-Gast seiner eigenen Welt bleibt!

Ja, »Sacher« – da ist das vielbedeutende Wort! Man denkt außerhalb Wiens: zu einer solchen Insel der Feudalität im Herzen mitteleuropäischer Armseligkeit gehöre nichts als ein wenig Ueberheblichkeit, aristokratische Stammkundschaft und eine Wirtin mit Maria-Theresien-Reschheit. Nein, ihr Lieben, dazu gehört auch der Kellner, der lieber hier bedienen als anderwärts Herr sein will, der Koch, der weiß, daß Kultur, wenn sie nicht durch den Magen ging, einem zum Magen heraushängt, ja der Wasserer vor der Tür, der, nur äußerlich einem italienischen Lazzaroni ähnlich, in Wahrheit selbst mit Bürste, Wasserschaff und aufgehaltener Hand ein Grandseigneur ist.

Versinkende Welt. Der letzte Aristokrat Europas sitzt im Fangloch »Deutschösterreich«; zugereiste Bureaukratie, zugereiste Sittlichkeit, zugereister Fanatismus reicht ihm das Plebejergift. Wie fern liegt die Zeit, wo bei der ersten öffentlichen Kundgebung des Staatsdebakels ein Wachmann, dem ich auf seine Aufforderung: »Auseinandergehen! Auseinandergehen!« spitzig-schriftdeutsch zugerufen hatte: »Glauben Sie, daß der Staat gerettet wird, wenn wir hier auseinandergehen?«, zur Antwort gab: »Na, aber wenn S' da stehenbleiben – auch net!«? ... Heute hat sich der Spötter in einen Prätorianer verwandelt; wenn man ihn zu vielen tausend Exemplaren, wuchtig und juchtenfest, des drakonischen Feldwebelgeistes voll, wegen dessen ihn sein heutiger Chef aus Dörfern nach Wien berufen hat, herumstolzieren sieht, möchte man glauben, daß die Stadt von lauter Armensündern bewohnt wird. Hoch oben, am Gürtelrand der Stadt, dürft ihr dafür hinter zwei alten Senatoren einhergehen, die Arm in Arm voll Mißmut auf das verderbte Wien herabschauen und es mit grimmiger Prophetenrede peitschen. In ihrem Gespräch ist von Dingen die Rede, die nie ans innere Ohr des Wieners drangen: von Annoncenagenten, Herausgebern, bezahlten und unbezahlten Inseraten. Ihre Vaterhäuser lagen nur eine halbe Fahrtstunde voneinander getrennt: der eine ist aus Gitschin (Böhmen), der andere aus Jungbunzlau.

– – – Ihr seht: Wien 1927, das heißt der *Nicht-Wiener.* Und um dieses lästigen Stadt-Tyrannen willen laßt mich jetzt ein politisches Geständnis machen: Ich, in allem, was jenseits des Wiener Grenzrains liegt, überzeugter Linksler – Sozialist, Anarchist, Bolschewist, wenn ihr wollt! – als Wiener bin ich für die »Kaiserstadt«. Nicht für den Kaiser dieser Stadt, wohl aber für die Stadt ihrer Kaiser.

Als solche war sie einmal ein Paradies der Resignation, Arkadien der Melancholie; ihre Luft gemischt aus dem Lebenshauch, der vom Zentralfriedhof, und aus dem Sterbehauch, der vom Prater über sie strich. Und hier, im Prater, an der Grenze von Ringelspiellärm und feudalem Huftrab, im grünsten Dickicht, lag auch ihr symbolischer Punkt: das »Selbstmörderbankl«. Heute ist ganz Wien ein solches Selbstmörderbankl geworden. Die Resignation ist schäbig, die Melancholie verschlissen; und Arkadiens Bewohner, ungewohnt, sich bei der Geschichte zu beklagen, plappern wie verzauberte Vögel, die das Verwandlungswort nicht mehr wissen, ihr Unglück in dem einzigen, ewig wiederholten Namen vor sich hin: »Der Breitner!« – »D'r Breittnaa!«

Revue des Monats, 1. Jg., Nr. 8,
Juni 1927, S. 828–834 (Anton Kuh)

Was die Woche mir zuträgt

Tagebuch eines Angeschlossenen

Ich beginne mit den Worten eines andern. Nachdrücklich sei die Wiener Öffentlichkeit auf das Feuilleton verwiesen, das Franz *Blei* kürzlich im »Berliner Tageblatt« über *Wien* schrieb. Ich weiß, daß man diesen Schriftsteller – einen der anerkanntesten und besten deutscher Zunge – gerade in seiner Wiener Heimat wenig kennt und schätzt. Ich weiß auch die Gründe: man ist hierzulande in aktuellen Bildungsdingen auf die Gnade und Informiertheit der Mittler angewiesen; und Blei genießt bei denen keine Sympathie; den einen ist er (trotz Katholizismus) zu linkslerisch, den andern zu belangvoll. Nun, ich lasse hier, um den Leser selber zum Richter zu machen, einige Zeilen des Berichtes folgen, den er über einen »Besuch in Wien« erstattet:

> *Seiner Geschichte beraubt, ein plötzlich auf die Straße gesetztes, seiner Familie und seines Nestes beraubtes Wesen, das ist Wien. Und eine Bundeshauptstadt, eines Bundes provinzialer Landschaften, ohne sonderliches, sondern von allgemein alpinem, bauernhaftem Gepräge. Mit den ländlichen Regenten dieses kleinen Bauernstaatswesens zog ein gar nicht in das Format und die Vergangenheit passender Geist in diese Weltstadt und richtete sich da ein. Etwas mit dem Haß und der Verachtung, die der bäuerliche Mensch immer gegen die Stadt und die Städter hat, die er von der Sommerfrische her zu kennen glaubt und verachten zu müssen glaubt, weil sie sich »wurzen« lassen.*

Diesen Bundesgeist, der nach dem Lande riecht, kann man in Wien überall dort wahrnehmen, wo der Bund *verwaltet, sei es in* Justiz, *sei es in* Wehrmacht, *sei es das* Bildungswesen. *Es ist das ein provinzieller etwas stark hinterweltlerischer Geist, der so wenig Geist ist, daß er selbst seinen eigenen noch für zu viel hält. Drastisch gesprochen könnte man sagen, die tierärztliche Hochschule erscheint diesem Geiste wichtiger als die menschenärztliche, weil man vom Gesundbeten der Bäuerin überzeugter ist als vom Gesundbeten der Kuh.*

Kann man auf die Stadt Seipels Treffenderes sagen – in der Woche, wo die durch den Besuch der Baker-Revue erkrankten Seelen gesundgebetet wurden? Siegt der Dörflergeist nicht auf allen Linien? ... Ich sprach vor Jahren von der »Verkremserung Wiens«. Heute muß ich das Wort zurücknehmen. Krems verdient den Tort nicht.

*

»Dieser Bundesgeist, der nach dem Lande riecht ...«, sticht auch aus einem Erlaß des löblichen Unterrichtsministeriums in die Nase, der kürzlich als offenbare Folge des Steglitzer Schülerprozesses herauskam.

Gegensatz Wien-Berlin 1928: In Berlin hatte dieser Prozeß das Ergebnis, daß sogar in rechtsstehenden Blättern die Frage aufgeworfen wurde, ob sich nicht Sport, Studium, Familienzucht, väterliche Kontrolle und staatliche Sittenüberwachung zum Schluß als untaugliche Mittel erwiesen, die – 18jährige! – Jugend vom Erwachen ihrer erotischen Natur »abzulenken«; ob also da die Natur nicht selber die beste Heilerin sei …; in Wien – nimmt Herr Schmitz die 700 Kilometer ferne Kriminalbegebenheit zum Anlaß, auf dem Weg einer Verordnung wieder ein paar nackte Zeitschriftenbildln zu konfiszieren. So. Damit wär' alles getan. Sicher liegt ja die Verführbarkeit der 16- bis 18jährigen nicht an geheimnisvollen Drüsen-Vorgängen, sondern am Titelbild des »Junggesellen«.

Ich saß unlängst mit einem prächtigen Führer des süddeutschen Katholizismus beisammen: dem Reichsfinanzminister Köhler; der Badenser wollte dem Österreicher etwas Angenehmes sagen und so zitierte er seinen eigenen Parlamentsausspruch: die süddeutsche Kultur habe die Melodie des Donauwalzers, die norddeutsche die des Hohenfriedberger Marschs. »Ja«, wollte ich bald einwerfen, »aber es gibt noch eine dritte, eine spezifisch neuösterreichische Kultur und deren Melodie ist weder das eine noch das andere, sondern die alte Litanei: »O-Gohd, O-Gohd, O-Gohd, schon wieder aner tohd …«

*

Die »Strafrechtsangleichung« Österreichs an Deutschland – über das Kapitel ist manches zu sagen – wirft seinen Schatten voraus: eine der schönsten und selbstverständlichsten Traditionen unseres neuen Staatswesens war bisher eine Lücke in der Rechtspflege: nämlich das Fehlen von Hochverratsverfolgungen.

Nun erfahre ich, daß man dem Obersten Wolff, dem allzeit kaisertreuen, wegen Hochverrats den Prozeß machen will. Man wird mir kaum nachsagen, daß ich's politisch mit ihm halte. Aber was das inkriminierte Delikt betrifft – reichen Sie mir die Hand, Herr Oberst, ich begeh' es mit jedem Atemzug! Wie lange ist es her, daß der Abgeordnete Pernerstorfer im Reichsrat unter schallender Heiterkeit des Hauses den Ausspruch prägte: »Wer ein guter Österreicher ist, der ist mindestens einmal in seinem Leben ein Hochverräter gewesen.«? Alt-Österreich lachte zu dem Satz; Neu-Österreich ist strenger. Es leistet sich, wie in allem, um so mehr Gesetzesprotzerei, je weniger es Staat ist. Wir gehen rigorosen Zeiten entgegen. Und es wird nicht lange dauern, daß man einen neuen Franz Stelzhamer, der den Vers zu dichten wagte:

Ein Österreicher bin i
Aus'm Österrreicher Land
Das is, zwar ka Unglück
Aber do is a Schand'!

im Zeichen der »Rechtsangleichung« wegen Hochverrats zu fünf Jahren Zuchthaus verdonnert!

Der Morgen. Wiener Montagblatt, 19. Jg., Nr. 12,
19. März 1928, S. 5 (Anton)

Der Rundreise-Befreier

Karl Kraus übersiedelt nach Berlin

Was ich hier folgen lasse, ist ein Bericht, nicht mehr. Unter dem vielen Widerwärtigen, das Berlin dem Nicht-Berliner oft bereitet, ist es das Schöne, daß man in Dingen, die anderwärts den Schriftsteller zu Interpretationen, Finessen, Deutungen und komplizierten Katzbalgereien zwingen, bloß zu berichten braucht.

Gegenstand des Berichtes: Karl Kraus aus Wien.

Dieses »aus Wien« ist hier eine beliebte Spottmarke, die man Mißliebigen aus der Nachbarzone anhängt: ein Gefühl landsmännischen Zusammenhalts sollte mir darum ihren Gebrauch verwehren. Doch indem ich sie aufnehme, zeige ich, wie Berlin den Mann sieht: als eine Figur aus dem netten Nebelland da unten, wo Ridiküles und Papierenes und Gemütliches aufgeregt durcheinanderqualmt. Kraus – det is der mit Harden? Nee – der so kleene rote Hefte schreibt? – Hab' se nie jelesen!

Kraus kam zu Frühjahrsanfang nach Berlin und hielt ein halbdutzend Vorlesungen. Aus Offenbach und »eigenen Schriften«.

Doch siehe – oder gar nicht siehe, vielmehr: siehste! – die Säle waren halb und dreiviertel leer. (Zu berichtigen – aber zu beweisen.) Zunächst täuschte noch der Name Offenbach einen oder den andern Uneingeweihten. Dann mußte, bei der Unnahbarkeit der großen Presse, am Spezialstrang kleinerer Beziehungen gezogen werden; eine Dame (Wienerin) rang es sich in einer Montagsrubrik ab, das Parterre intellektueller Blaustrümpfe und Backfische beiderlei Geschlechts als eine Versammlung von ebensoviel Schönheit und duftiger Mondänität zu beschreiben. Nun, das war eine heilsame Salbe! Es kommt gewiß als »Stimme Berlins« in der »Fackel«! Doch beim Abend Numero drei oder vier war das Pulver wieder vertan. Das letzte Aufgebot der Emigration wurde zusammengetrommelt; wie man sah, regnete es Freikarten; man fischte in den Tavernen gleich drei-, vierstückweise nach feinschmeckenden Kabarettiers (diesen Randgängern, die aus verhindertem Journalismus den Antijournalismus so gern als Geist und Größe nehmen); man lief sich, wundtriefend vor Ekstase, die Füße ab. Und der Effekt: Der Herr und Meister konnte sich für die zwei Stunden seines Vortrages ähnlich wie in Paris (wo er freilich noch Traurigeres erlebte) einbilden, der Beifall, der ihm aus noch immer ungefüllten Reihen nach Ruck und Takt eines Sektierer-Einverständnisses entgegenrufe, das sei das Echo Berlins.

Ich habe dessen Echo vernommen. Bei einem österreichischen Schriftsteller saßen ein paar gebildete Berliner an der Tafel. Man hatte sie am Vormittag mitgeschleppt. Sie fragten mich, wie man Afghanesen nach seiner Heimat ausfragt oder einen Sanskritforscher nach einer Vokabel: »Sagen Sie, wer ist das nu, der Beketzy?« Oder: »Der Schober, das ist Euer Innenminister, niwah?« Und ein Offenbach-Schwärmer beteuerte: »Tja, Offenbach ist wundervoll, aber von den Couplets hab' ich kein Wort verstanden. Verstehen denn die Leute da jede Anspielung?«

Am urkräftigsten, am würzigsten aber war, was mir ein berühmter »Simplicissimus-Zeichner«, einst Weggefährte Krausens, in seiner visuell abgehackten, gleichsam im Reden erst die Definierung suchenden mundartlichen Weise über so einen Abend erzählte. Er geht den Quengeleien gewiß gern aus dem Weg und verzeih' mir d'rum die Wiedergabe.

»Die Leut' – schrecklich! So sonderbare Menschen, ich weiß nicht, gewiß keine Hiesigen, alle mager und g'scheit und mit Augengläsern und grad solche Weiber. Ich hab' ihm gar nicht recht zuhören können, ich hab' immer nur g'schaut, wie er's macht. Fade Couplets mit so Namen und Anspielungen, die einen nichts angehen. Und *die* haben's alle verstanden! Es war wie ein Kommando: wenn er einen solchen Namen ausg'sprochen hat oder irgendwas mit einem versteckten Sinn – da is' wie nach einem Taktstock los'gangen, ganz irrsinnig. In der Pause bin ich ein bissel länger draußen geblieben, wie ich zurückkomm' fängt grad wieder einer, so ein Flügelmann, mit einer Applaussalve an. Da hab' ich mir gedacht: Nein. Und bin gar nimmer auf meinen Platz zurückgangen. Ich wollt' ihn zuerst in der Pause im Künstlerzimmer aufsuchen, aber ich hab's sein lassen. Ich hab' mich g'schämt. Zu arg.«

Die Serie der Vorträge rückte indessen vor – man mag sich ausmalen, wie die Teilnahmslosigkeit Berlins auf Kraus wirkte. Da mußte – der alte Journalist wußte es! – anders zugepackt werden. Wer ist heute der genannteste Mensch im literarischen Berlin? Wessen Vorträge wären auf den ersten Pfiff überfüllt? Welches ist der Name, an den man folglich anknüpfen muß, damit der Berliner zuhört? Alfred Kerr. Der Sachverständige für

Tratschakustik bedachte sich nicht zweimal. Am Ende eines Vortrages donnerte er, ziemlich unvermittelt (dem Sinne nach), den Satz in den Saal:

»Herr Kerr ist ein Schuft! Ich erwarte, daß er mich klagt.«

Nun, wer und was Kerr ist, bleibe aus dem Spiel; sicher ist, daß er klug genug war, nicht zu klagen. Er ging vielmehr heiteren Gemütes auf eine Reise nach Afrika.

Das ist zuviel. Karl Kraus sieht, daß er von vorne anfangen muß, um in Berlin berühmt zu werden. Daß er sich – wie immer – an die genannteste Persönlichkeit der Stadt anseilen muß, als einen Bergführer zu den Ruhmeshöhen, den er dann von oben herabschmeißt. Er hat der Stadt, die ihn so schmählich enttäuschte, Rache geschworen. Und die Rache heißt: Befreiung. Er hat es selber vom Podium aus verkündet und durch seine Jünger verbreiten lassen:

»Ich übersiedle im Herbst nach Berlin, um die Stadt von Kerr zu befreien, wie Wien von Bekessy!«

Das heiß' ich ein Wort! Stolz, groß und bedeutend. Kraus führt Befreiungskriege. Ein ruhmreicher Bagatellengeneral. Und befreit wen von wem? Die ihn nicht respektieren, vom Respekt vor einem anderen.

Eine Vorhut ist schon da. Ein junger Mann aus Wien, Schneiderssohn, hat ein Theater gemietet, um gleichzeitig von da aus vorzubrechen; hochtönender Gymnasiastenhall soll die Kampffanfare verstärken.

Und Berlin? Ich fürchte, es wird von dem Zuzug nicht viel merken. Die Stadt hat ein wunderbares Mittel gegen jeden Kleinkrieg: ihre Größe. Sie antwortet dem neuen

Befreiungskampf gewiß mit dem gleichen Wort, das sie schon heuer im Frühjahr sprach und womit sie, die Dinge blutig vor die Pistole der Wirklichkeit fordernd, alles Unkonkrete sofort umbringt: »Wat will er??«

Neues Wiener Journal, 36. Jg., Nr. 12.396,
27. Mai 1928, S. 8 (Anton Kuh)

Brief an eine Wiener Küchengehilfin

Liebe »zweiundzwanzigjährige Küchengehilfin Franziska E.«, ich lese soeben in einem Blatt von dem schaudervollen Abschnitt Ihres Lebens, der am 21. April um 1 Uhr nachts begann und am 2. Juni, also sieben Wochen später, endete.

Sie gingen in jener Aprilnacht harmlos-heiter durch die Heinestrasse, die früher, anno Habsburg, noch ganz unfreidenkerisch und volksverdummend Kaiser-Josefs-Strasse hiess, wo man aber damals bis in den hellen Morgen desto unbehelligter seines Wegs wandeln, sogar lustwandeln konnte – aus einem Kaffeehaus heim. Plötzlich stand ein Wachmann namens Burnadz hinter Ihnen.

Ich weiss, liebe Franziska E., Sie sind seit dem 15. Juli des vergangenen Jahres auf die Wiener Wachleute nicht gut zu sprechen. Ich auch nicht. Umso unbegreiflicher ist's mir, dass Sie der Anblick dieses brüsk aus dem Boden geschossenen Wachmannes (oh, bitte, Sie brauchen mir nichts zu erzählen, wir kennen beide die Art, wie diese Sittenkontrolleure der Nächte sich platt in die Haustore drücken, um im gegebenen Moment aus dem Dunkel vorzuschiessen) sogleich selber brüsk stimmte. Sie wussten ja auch, in welcher Absicht er sie anging. Er hatte sich nach Amtsauftrag davon zu überzeugen, ob Sie eine »Solche« seien. Die Solchen haben nämlich im neuen Wien ein schweres Leben. Aber auch die Nicht-Solchen – vorausgesetzt, dass sie es sich gefallen lassen, um 1 Uhr morgens ohne Begleitung über die Strasse zu gehen. Dann sind sie, mag ihnen die Tugend auch aus Kleid und Wesen schauen, leichte Beute des Hohns für jeden, der namens amtlicher Gesundheitsbesorgnisse ihre Ehrbarkeit zu bezweifeln befugt ist.

Der Wachmann verlangte von Ihnen Ausweispapiere. Sie, sei es, dass Sie keine bei sich hatten, sei es, dass die Art, wie er sie verlangte, Sie bockig machte, erwiderten: »Ich heisse nichts, das geht Sie einen Schmarrn an, Sie Mistelbacher!«

Holdseliges Kind – sieht's nicht aus, als wenn wir uns verabredet hätten? Oder in einem Geheimbund zusammensässen? Denn im Vertrauen gesagt: wegen ein und desselben Ausdrucks »Mistelbacher«, an die gleiche Adresse gerichtet, bin ich vor Jahr und Tag von einem Wiener Bezirksgericht zur (milden) Strafe von 20 Schillingen verurteilt worden. Ich bin stolz darauf, dass ich im Zorn die Sprache des Volks spreche – oder das Volk die meine. Aber, nicht wahr Franziska E., obzwar Sie sicherlich keine Politikerin sind: wir wissen beide wieder genau, warum wir gerade dieses Wort gebrauchen? Mistelbach ist ein dörflicher Ort in der Nähe von Wien. Er hatte früher mit der Haupt- und Residenzstadt nicht viel zu tun. Seitdem aber der Polizeipräsident sich's angelegen sein lässt, an Stelle von Wienern, also Menschen, die ein Herz für diese Stadt und ihre unschuldigen Sünden haben, stramme Dörfler, also Leute vom Gendarmengeist ins Wachekorps einzureihen, ist der Name dieses Orts zum Symbol geworden. Die Wiener Wachleute von früher – Franziska E., ich will nicht in Ihrem Liebesleben herumforschen, aber das waren doch Kavaliere? Ich werde des Prachtkerls insbesondere nicht vergessen, der mir am Tage vor Ausbruch der Revolution, als ich seine Aufforderung »auseinanderzugehen bittä« mit der sehr hochdeutschen und affektierten Wendung quittierte: »Glauben Sie, Herr Wachmann, dass der Staat gerettet wird, wenn wir hier auseinandergehen?«, die edle Weisheit zur Antwort gab: »Naa – aber wenn S' da stehen bleiben, auch net!« Die neuen Wachleute – Franziska E., ich will nicht rückfällig werden. Ich habe die 20 Schillinge ohnedies noch nicht bezahlt.

Um in Ihrer Geschichte fortzufahren:

Der Wachmann Burnadz packte Sie am Arm und »drehte ihn nach rückwärts«. Sie stiessen vor Schmerz einen Schrei aus. Das nahmen zwei andere Wachleute, die in der Nähe pirschten, als das Echo einer Auflehnung. Sie eilten herbei, und nun wurden Sie, eine Küchengehilfin gegen drei Wachleute, trotz der schmerzhaften Armblessur, die in jedem geregelten Boxmatsch das Abpfeifen des Kampfes bedeutet hätte (der Arm war aus dem Gelenk geraten) erst recht knock-outet: man schleifte Sie zur Wachstube.

Liebe Franziska, sagen Sie mir nichts, ich habe dergleichen schon mitangesehen: das arme Opfer denkt gar nicht mehr daran, zu entwischen, kann es ja gar nicht; aber da die erste Widersetzlichkeit die letzte Gewaltanwendung rechtfertigt, wird es nun, die eine Hand zurückgebogen, die andere stahlfäustig umklammert, mit Püffen, Tritten, Kneifern und unter den Zurufen: »Wart' du Luder!« – »Rühr' di noch!« – »Fetzen verdammter!« wie ein Schlachtferkel eingebracht. Der Vorgang heisst: »Oeffentliche Gewalttätigkeit«.

Nun meinen die Leute gewiss, dass es die siegreichen Bezwinger sind, die man da der Gewalttätigkeit zeiht. Nein, es sind die Besiegten. Und so geschah es, liebe Franziska E., dass Sie wegen dieses Verbrechens in den Kotter kamen. Man behielt Sie gleich mit dem ausgerenkten Arm, der hernach in Gips gelegt werden musste, dort, in Untersuchungshaft. Vom 21. April bis zum 2. Juni. In der ersten Nacht wird Ihnen alles wie ein dummer, brutaler Traum vorgekommen sein: Sie gehen quietschvergnügt, nichts ahnend, nach Haus – da taucht namens der Sittlichkeit eine Gestalt vor Ihnen auf, renkt Ihnen den Arm aus ... und so weiter. Später aber und in der Gesellschaft der neu eingelieferten Dirnen, Diebinnen, Hehlerinnen werden Sie schon darauf gekommen sein, dass Sie eben eine geborene Verbrecherin sind ...

Bei der Gerichtsverhandlung trugen Sie noch den Arm in der Schlinge. Der Richter verlas Ihre Leumundsnote, worin es hiess: »Franziska E. ist die Tochter eines Tapezierergehilfen und hat fünfzehn Geschwister; sie muss sich selber erhalten und bringt sich durch Arbeit ehrlich fort. Sie weist auch Jahreszeugnisse auf.«

Das nützte Ihnen alles nichts, Franziska. Die Glieder werden einem nicht ungestraft ausgerenkt. Ich höre, ein Tatare (oder war's ein Hottentotte), der im Zuschauerraum sass und mühsam der Verhandlung zu folgen versuchte, habe sich, als der Richter sich erhob und das Urteil verkündete, an seinen Nebenmann mit der Frage gewandt: »Was hat sie für den Arm bekommen?« – »Sechs Wochen schweren Kerkers ...« Aber das Gericht war philanthropisch; es fügte hinzu: »Diese Strafe ist durch die Untersuchungshaft verbüsst.«

Liebe Franziska E., ich habe für Sie, und darum schrieb ich Ihnen, einen kleinen Trost. Sie haben vielleicht schon davon gehört, dass in Berlin heute merkwürdig viele Wiener – und gerade Künstler und Schriftsteller, also Menschen, die gern freier leben – sesshaft sind. Wissen Sie, dass das mit Ihrer abscheulichen Geschichte zu tun hat? Die meisten dieser Ausgewanderten sind mit Ihnen eines Sinnes. Denn – mag Geld, Arbeit, Ehrgeiz und was immer noch mitspielen – sie hätten die schöne Heimat trotzdem nicht verlassen, wenn es heute nicht jeder Frau passieren könnte, dass ihr um 1 Uhr nachts auf der Kaiser-Josefs-Strasse von einem Wachorgan der Arm ausgerenkt wird; und dass dafür sie in den Kerker muss und nicht der Wachmann; und dass man auf Weltstadtsünden in solcher Dorfmanier Jagd macht; kurz: wenn man sich nicht auf allen Wegen und Stegen mit Grund in die gefährliche Lage versetzt fühlte, den Ausdruck »Mistelbacher« zu gebrauchen. Und dafür zu zwanzig Schillingen Geldstrafe verurteilt zu werden –

wie der Schreiber dieser Zeilen.

Berliner Tageblatt, 57. Jg., Nr. 268,
8. Juni 1928, AA, [S. 2] (Anton Kuh)

Der Snob von Berlin

Es ist eine Affektation und ein Unrecht, wenn der Künstler über den Snob Beschwerde führt. Seien wir ehrlich: der Snob stellt die einzige ernst zu nehmende Kaufkraft im Bereich des Geistes dar; er ist der einzige reelle Abnehmer von Waren, nach denen sonst niemand fragt und die ohnehin liegen blieben. Nicht *er* ist also in Anklage zu versetzen, sondern bloß die, welche ihn mit schlechter Ware beliefern; die Anti-Snobs, die ihm Minderwertiges aufhalsen und dadurch das Niveau des Snobtums herabdrücken.

Ich möchte für diese Produktionsgemeinschaft, welche den Snob zu bekämpfen scheint und ihn bloß schlecht beliefert, nach Art und Aussehen ihrer Vertreter den Namen *Jüngelismus* in Vorschlag bringen. Der Jüngelismus, das ist eine Geheimbrüderschaft gesichtsloser und unnobler Kreaturen, die sich zum Schutz gegen Menschen und Gesichter durch einen Wettbewerb datumsmäßigen, geschwinden und übertrumpfenden Wertens beieinander rückversichern.

*

Kunst und Geist sind (nicht eben im Klassen-, wohl aber im Blutsinne) immer aristokratisch.

Der neue Kunst- und Geisteslieferant aber, der heutigen Tags den Snob bedient, ist ein Plebejer.

Den Plebejer kennzeichnet Unsicherheit; da er weder über ein eigenes Dasein noch über ein eigenes Antlitz verfügt, so kann er sich nur im Spinnweben-System schlagfertigen und wechselseitig sich kontrollierenden Urteilens behaupten. (Die wahren »Leiden des jungen Werters«!) Seine Legitimation ist der Standpunkt, nicht das Gesicht. Eine General-Ausgabestelle für »neuen Ton« versorgt ihn von Jahr zu Jahr mit dem Stil, der augenblicks Ueberzeugtheit am glaubhaftesten macht.

Das ist jetzt in Lob und Schimpf: der Superlativismus.

Der Ausüber dieses Tons markiert Asthmakrämpfe des Uebervoll-Seins; ein »Gott helfe mir, ich kann nicht anders! ...« kurbelt jeden Satz an; er gestikuliert Undeutlichkeiten – nicht wissend, daß das Merkmal wahren Geistes und wahrer Kunst die *Präzision* ist. Er sagt von einer Sache, sie hat: »das Schwingende, Schwebende, Wehende ... den Riß, den Bruch, den Sturm ... den Anriß, den Aufriß, den Zug ... das Gewellte (nicht: Gewollte!), Verströmte, Berauschte ... den Hieb, den Schlag, den Schwung ...« Nun, was hat sie jetzt? ... Oder spielt Verzücktheit und spricht mit dem Gegenstand dieser gemogelten Begeisterung per Du. (Ja, seit wann hat denn der Ruhm mit der Phrase Bruderschaft getrunken?) Oder er verleiht ihm, ganz gegen Recht und Instinkt, taxfrei den bestimmten Artikel der Popularität und sagt: »*Die* Pawliczek ...« »*Die* Piefke ...«

Die Grammophonplatte dieser Tonart läuft von selber; man braucht nur den Stift eines neuen Namens darauf zu setzen.

*

Was bejaht, was verneint nun der Urteils-Plebejer?

Er bejaht erstens einmal: das »Morgige«. Morgig aber ist für ihn, was einen Schritt nach rückwärts in die

Talentiertheit, einen Schritt weiter in den Anspruch bedeutet; was nach einer neuen Nuance Unvollkommenheit riecht.

Er bejaht: das Entgegengesetzte. Alles, was das Motto: »Im Gegenteil!« auf der Stirn trägt.

Ist also jahrhundertelang der Hans Sachs *mit* Bart gespielt worden – dann gilt die Losung: Hans Sachs *ohne* Bart! Haben die »Weber« im 3. Akt bisher lauten Krach gemacht, so müssen sie jetzt leise krachen. War Hamlet bis heute Prinz von Dänemark, so sei er nunmehr – wie heißt's doch vorahnend bei Nestroy? – »Prinz von Tandelmarkt«.

Im ganzen aber muß er im betrachteten, besprochenen, begutachteten Objekt etwas wittern, was in ihm selber als einzige Kraft lebt: den »Auftrieb«. Alles Noble ist ehrgeizlos; es erfüllt sich durch sein Auf-der-Welt-Sein; es leistet durch sein Atmen. Je wertvoller demnach eine Kunst oder ein Künstler ist, desto mehr fehlt ihm die Ambitioniertheit.

Der Ignoble dampft vor Ehrgeiz, vor Durst nach der Leistung. Bemühtheit vertritt bei ihm die Stelle von Imagination, Grazie, Witz, Adel, Schönheit. (Ueberlebte Werte!) Er ernennt die scharfe, schroffkantige Durchsichtigkeit des Willens, der einem Nicht-Ich zur Erscheinung helfen soll, zum »neuen Geist«.

Der Jüngelismus begeistert sich also an der Kabarettdiseuse, durch deren viereckige, mit der Stoppuhr vorausberechnete Gestikulation jener Auftrieb leuchtet; am Schauspieler, dessen fettiges Ungestüm, Kopf gegen die Wand!, aus dem Wahlspruch: »Ich setz' mich durch!«

deklamatorische Energien zieht; am Stückschreiber, der seinem Aug' die kahle Vorsätzlichkeit hinbaut; am Filmengel, in dessen großäugiger Seltsamkeit, wedekindisch gesprochen, »die großen Füße geschrieben stehen«; am Reporter, der »rast«, statt exakt zu berichten; am Conférencier, der, statt Witzeleien gut vorzutragen, Ernsteleien scharf pointiert (und glaubt: der Gebrauch der Worte »Europa« oder »Stresemann« zum Wortspielzweck sei der »politisierte Geist«); an der Weltanschauungs-Tänzerin, deren Anmutslosigkeit seinem Stil endlich so zugänglich ist wie seinem Werben; kurz an jeglichem Ehrgeiz in jeglicher Verkleidung!

Das Hübsche, Edle, Liebenswürdige, Natur-Geniale läßt ihn kalt. Und dann am meisten, wenn er ... zugewanderter Oesterreicher ist. So verlangt's nämlich das eherne, unbeugsame Gesetz der Mimikry.

*

Was macht nun den Snobismus hierzulande zu einem so unschöpferischen *Circulus vitiosus*?

Ich habe es einmal in dem Beispiel gesagt: »Es gibt nichts Lächerlicheres, als wenn in einem Haus, wo im Parterre gerade einer unschuldig hingerichtet wird, im ersten Stock Leute heißgierig über Thomas Mann, Piscator, Strawinsky und den neuen Rhythmus debattieren.«

Der erste Stock: das ist das Deutschland des Snob; das Parterre: das ist die politische Wirklichkeit. Und diese Verbindungslosigkeit der »ebenen Erd'« zum »ersten Stock«, dieser Irrglaube, es gäbe Werte und Wirklichkeiten jenseits der Welt, in der wir täglich essen, atmen, leben – das ist es, wodurch der Ehrgeiz des Plebejers Selbstzweck werden und den armen Snob widerstandslos ins Schlepptau nehmen darf!

*

Ein aktueller Beleg für das Wesen der Snob-Bedienung:

Die nicht erlahmende, neugiervolle Frage: »Wer ist *Ferdinand Bruckner?«*

In Wien fragt man, weil der Mann ein Wiener sein soll. Aber warum fragt man hier? Weil man vom Werk des Autors, der mit diesem Namen unterschreibt, so begeistert ist? Weil man wissen will, wie es ihm geht, ob gut oder schlecht, in welchen Verhältnissen er lebt, was er der Welt möglicherweise noch alles zu sagen hat? Kurz, wie man zu fragen pflegte: Wer war Shakespeare?

Keine Spur. Man fragt, weil ... nun das gehört eben zur unsicheren Natur des »Dieners am Snob«. Nichts kann ihn in größere Beunruhigung versetzen als ein unbekanntes, neues Gesicht. Wer weiß – es könnte jemand Bruckner heißen, zu dessen Antlitz die Schlagfertigkeit nichts Passendes auf Lager hat. Es könnte sich um einen Menschen handeln, wo noch jede Vorschrift eines Urteils aussteht. Wie leicht könnte man sich da selber hereinlegen und das Werk eines Mannes loben, der eigentlich zu tadeln, oder es tadeln, wo es eigentlich zu loben ist? Oh, diese Anonymität ist unerträglich, da liegt sicher eine Falle! So ärgert uns ja auch das unnahbare, unaufgeschlossene Gesicht eines Aristokraten. Wenn Ferdinand Bruckner nun, nehmen wir an ... der Karl Schönherr wäre – und wir haben ihn gepriesen? Oder: wenn es der Bronnen wäre – und wir haben ihn nicht erkannt? Oder vielleicht ist es – nein, nicht? ... Oder Wildgans? ... Oder, o weh, o weh – noch einmal Duschinsky? Oder – halt! – Schnitzler? ...

Ich will Verwirrung in die Reihen tragen: Ich selber bin Ferdinand Bruckner!

Sie sagen nein? So viel Ernst und positive Gestaltungskraft sei mir nicht zuzumuten? ... Meine Brucknerkräfte erschöpfen sich höchstens in Mystifikationen? ... Nun, geben Sie acht, mein Lieber ... die Welt ist sonderbar ...

Vossische Zeitung, Nr. 301, 18. Dezember 1928,
Unterhaltungsblatt Nr. 296 [S. 1] (Anton Kuh)

Nachruf auf ein Lokal

»*De mortuis* nix Böses!« pflegte ein alter Wiener Parlamentsberichterstatter zu sagen, dem die lateinische Sprache nur auf halbem Weg entgegenkam. Danach dürfte über die Künstlerkneipe Schwanneke, die jetzt für immer geschlossen worden ist, kein übles Wort geredet werden. Und zumal mir, dem Schreiber dieses, ziemte am wenigsten eine unfreundliche Nachrede; man könnte sonst auf den Argwohn kommen, daß der Geist der Schadenfreude aus mir spricht – oder, um es in der Sprache von weiland Weinhaus Schwanneke zu sagen: daß ich ein Ressentiment los werden will. Denn bekanntlich wurde über mich von dem Lokal der schwere Bann verhängt, ich durfte drei Jahre lang keinen Fuß über die Schwanneke-Schwelle setzen.

Doch der Grund dieser Maßnahme gibt mir Rede-Recht. Worin lag er? In einer Prophetie, die sich eben nunmehr und durch die Sperrung des Lokals erfüllt hat. Ich hatte in einem Vortrag (Die Pleite des Geistes) geweissagt: So, wie der Geist heute hier, in getrennten Verschlägen, beisammen sitze, so werde er bald klanglos auseinanderfliegen, es sei nämlich gar nicht der Geist, der hier sitzt, sondern eine oberste Prominenzbehörde, der die Entscheidung darüber obliegt, wer sich mit Recht oder Unrecht zum Konventikel der Gesperrtgedruckten zählt. Infolge dieser maßlosen rednerischen Entgleisung hat mich die Boheme aus ihren Reihen gestoßen.

Ein Jahr danach stand ich einmal zu später Nachtstunde mit ein paar besseren Menschen auf der Straße, lokallos, obdachlos. René Schickele war darunter, dann Josef Melnik, der helläugige, kürzlich verstorbene Schriftsteller, der in so bedeutendem Grad die Fähigkeit hatte, Privatmann zu sein, ferner Walther Rode und ein lustiger Plutokrat. Der Faden des Gesprächs war durch die Willkür der 3-Uhr-Sperre auseinandergerissen – wohin jetzt? Man neigte zu Schwanneke. »Wir werden Sie schützen, wenn ein Wort gegen Sie gesagt wird …« Jemand machte sich erbötig, mir rasch einen Andreas-Hofer-Bart aus einer Theatergarderobe zu besorgen, unter dessen Schutz ich als Aegyptologe aus Göttingen im Lokal auftauchen sollte. Nein, ich wollte nicht, ich wehrte mich gegen das Allotria.

»So ein Spaß«, sagte ich, »ist eine Vertrauenskundgebung für den Humor der anderen, er setzt eine Solidarität im Schabernack voraus. Wenn das wirklich so wäre – ich hätte nie ein Wort gegen Schwanneke gesagt. Aber es sitzen doch nur Ernstnehmer dort, die aus falschen Kehlen lachen – wie komme ich dazu, für sie ›lustiges Völkchen‹ zu spielen? … Nein, ich bleibe Geuse, ich bin lieber ein Herausgeworfener von hohen Graden als ein pardonniertes Vereinsmitglied …«

Die Beharrlichkeit galt weder den Wirtsleuten noch dem Personal. Ich habe Viktor Schwanneke als Schauspieler nicht gekannt, als Wirt war er der feinste Chargenspieler, der denkbar ist, sozusagen: wandelnder Gast bei sich selber. Theresia, die Gattin, vereinte die Niese-Tugend der Reschheit mit körperlichen Vorzügen. Und Jonny, der Garderobier, dem sie jetzt die Lokaltür vor der Nase zugesperrt haben (er hätte der Schwanneke redivivus werden sollen), merkwürdigste Kreuzung aus Berliner Sportpalastjungen und heranwachsendem Schöngeist, ein bißchen angekränkelt vom Umgang mit den prominenten Wintermänteln, deren Füllung er erheblich überschätzt hat – war er nicht der Parsifal im Nachtbetrieb? ...

Weh, auch er wurde prominent! Vielleicht war das die tragische Schuld, für die das Schicksal die Eisenbahner als lokalsperrende Hausherren vorschob. Der Zug der Zeit (Eisenbahner müssen es wissen) geht nämlich gegen das Prominente. Dem von längerer Reise Heimgekehrten scheint es zwar, daß alles, was in dieser Stadt lebt und Betriebsamkeit entfaltet, bloß um den Kurswert seiner vorjährigen Prominenz ringt, sich in diesem Ordinatensystem von Namen und Bekanntheiten, das Berlin heißt, auf dem alten Punkt behaupten will. Aber eben die akute Besorgnis zeigt, daß sie berechtigt ist. Die Namenswährung schwankt mit der Wirklichkeit.

Und darin ist das geschlossene Schwanneke ein Symbol. Wäre dieses Lokal nämlich wirklich ein Aufenthalt für Bohemiens, wäre es eine Kneip- und Unterhaltungsstätte gewesen, wo Künstler untereinander, will sagen: als Privatleute, beisammensaßen (in der Art wie die Torggelstube in München oder das einmalige »Schwarze Ferkel« in Berlin), dann wäre die Sperre schließlich nichts als eine Uebersiedlung, morgen gäbe es ein anderes Schwanneke. Aber nicht nur die wirkliche Börse, auch die Prominenten-Börse steht heute still. Schwanneke war deren heiliger Makler-Saal, hier wurde geschätzt, ballotiert, notiert. Man trat nicht ein, sondern auf. Conférenciers waren die Schätzmeister. Nuancen des Grüßens zeigten die geistige Börsenlage an. Keiner redete unbefangen. Auch die privateste, die Frühmorgens-Geselligkeit, schmeckte nach Druckpapier.

Kaum sieben Jahre hat die Herrlichkeit gedauert – anderwärts stehen solche Tavernen hundert Jahre lang. Wie kommt das? Hängt es nur mit dem Ableben des Wirts zusammen?

Nein, sondern damit, daß Kunst und Geist in der neuen Weltstadt nur ein Koeffizient des Wohlstands ist, ein Vorzeichen der Konjunktur. Wenn morgen die Börse wieder hinaufgeht, hat Schwanneke neues Publikum. Dies wird dann irrtümlich »Die neue Strömung« heißen.

B. Z. am Mittag, 55. Jg., Nr. 234,
7. Oktober 1931, Erstes Beiblatt [S. 1] (Anton Kuh)

»Wat will er?«

Führer durch Berliner Redensarten

An ihren Redensarten sollst du sie erkennen! – –

Häuser, Plätze, Theater, Verkehrsordnungen, Mahlzeiten, Gebräuche sind den großen Städten fast gemeinsam; Tokio wird Berlin, San Franzisko Budapest, Kairo New York immer ähnlicher. Wie heißt es doch beim melancholischen Christian Morgenstern? »Die ganze Welt ist verhotelt.« Du kannst also wochenlang mit den offensten Augen in einer fremden Metropole herumgehen, ohne das Unterscheidende, Neue zu erfahren. Mit den offensten Augen: Augen sind nämlich heute (zumal seit Kino und Wochenschau) seichte Reisereporter. Doch nicht die Ohren! Wenn du sie scharf spitzt, in den Umgangston hinabhorchst, nach den Urklängen lauschst – dann beginnt die eigentliche Unterscheidung der Städte. Eine einzige erhaschte Redensart und du weißt mehr vom Wesen der fremden Stadt, als nach zehn Rundfahrten im »Käse«wagen und nach hundert Rundgängen in ihren Lokalen und Museen.

Der Wiener sagt: »Spielen S' Ihnan net auf!« und umschreibt damit seine ganze, gegen Wichtigtuerei und Pathos gerichtete Natur. Oder er sagt anspielerisch und augenzwinkernd: »Eh schon wissen!«, was ins Breitschriftdeutsche übersetzt soviel heißt wie: »Wir brauchen uns nichts mehr zu sagen, wir sind ohnedies schon informiert«, drückt aber gerade durch diese abgekürzte Form die ganze Skepsis eines Volkes aus, das die Geschichte teils zu Takt und teils zu Tratsch erzogen hat.

Der Prager liebt die Redewendung »Herrich«, eine merkwürdige Verballhornung der Worte: »wie ich hör'«, respektive »hör' ich«, und dieses allüberall, an passender und unpassender Stelle eingestreute »Herrich« ist typisch für die Kleinstadt- und Familienenge, wo man so gerne mit Neuigkeiten aufwartet, wohin aber die Neuigkeit nie unmittelbar, sondern immer nur in Übertragung, als Gerücht und Bericht, also als ein »Herrich« dringt.

Der Münchener: auch seine Lieblingswendungen sind Mottos zu seinem Geist und Wesen. Er hat bekanntlich jene Botschaft, die der Ritter Gottfried von Berlichingen an den kaiserlichen Hauptmann ausrichten läßt (die aber in den Klassikerausgaben und auf deutschen Bühnen unbefriedigenderweise nur in Gedankenpunkten weitergegeben wird), in seine tägliche Rede aufgenommen – dergestalt aber, daß sie jetzt nicht mehr als Beleidigung gilt, sondern wie einmal ein Münchener Gericht entschied: als eine »Gewohnheitsphrase, um einem Gespräch eine andere Wendung zu geben«.

Und der Berliner?

In seinen Redensarten findest du seinen Sinn für Aktualität; seinen Haß gegen alle Antiquiertheiten des Gefühls; seinen Hang zu rascher Fortbewegung; und seine Abneigung gegen die Weitschweifigkeit. Daß er statt »gehen« – »laufen« sagt, ist schon allein für ihn bezeichnend; er hat ja gar keine Zeit zum »Gehen« im landläufigen Sinn, etwa wie der Wiener geht: Blick in die Zeitung oder nach den Dachspatzen. Dieses Gehen gehört in die Zeit der Linienwälle und Ringplatzpromenaden. Der Berliner »läuft« – er setzt die Fortbewegung seines Körpers in entschlossene

Konkurrenz zu Aboag und Untergrund. Er kann das Stehenbleiben nicht leiden, weder mit Fuß noch mit der Zunge; daher sein Wort »Mensch, mach 'n Punkt!«, was eigentlich heißt: »Mach um Himmels willen keinen Punkt, rede so rasch und so knapp, daß ich nicht auswachsen muß!« In die Serie dieser Redensarten gehört auch: »So jenau wolln wir's jarnich wissen!« Man ahnt nicht, wie treff- und geschmacksicher die Ungeduld diesen Satz ausspeit. Ich saß einmal in einem Berliner Theater, eine berühmte, ungarische Diva spielte oben eine lockende Verführungsszene mit allerhand melodramatisch untermalten Rückblicken in vergangene Gefühle. Die Frau war schön, pompös, impulsiv, aber nicht mehr ganz frisch. Jetzt setzt sie sich – hopp! – auf den Tisch, neigt sich zu dem Galan, nimmt eine Rose von ihrem Busen und rührt mit dem Stengel schimmernden Auges den Sekt im Glas auf. In Wien hatten sie kurz vorher über diese Szene geheult. Hier aber, gerade in dem Augenblick, wo die Rose ins Glas taucht, ertönt von rückwärts eine Stimme: »So jenau wolln wirs jarnich wissen!« Es war ein erleichterndes Signal für die Umsitzenden. Sie wollten es alle so genau nicht wissen, das Tempo der Gefühlsverbreitung stand zu dessen Wert in solchem Mißverhältnis, daß sich alle plötzlich mit dem Rosenstengel an der Nase ihres guten Geschmacks gekitzelt fühlten. Wehe aber, wenn der Berliner, im Gegensatz zu diesen wesensechten Zeichen seiner Ungeduld, eine Anwandlung von Geduld verspürt! Wenn er ausreden läßt, mit verschränkten Armen dasitzt und nichts tut, als dreinzuschauen. Dieses plötzliche unverhoffte »Zeithaben« wirkt schon allein wie die ausgepichte Bosheit. Macht sich diese Trutz-Beschaulichkeit aber dann in einer Redensart Luft ..., dann explodiert ringsum eine Bombe von Gelächter. So wurden einmal vor ein paar Jahren in Berlin Straußenrennen eingeführt. Lebende wirkliche Strauße sollten, von jungen Burschen geritten, über die Rennbahn sausen. Der Zulauf war der Neugier entsprechend.

Die Starterglocke ertönt – tausendfältiges Stillschweigen. Der erste Strauß trippelt in die Bahn, der zweite, der dritte. Den Zuschauern, die sich die neue Sehenswürdigkeit teuer erkauft haben, bleibt vor Erwartung der Atem stehen – oder, um es gleich wieder auf berlinerisch zu sagen: »Die Spucke weg«. Ein Zeichen mit der Startflagge – los! Aber kaum vom Starter entlassen, legt sich der erste Strauß in den Sand und scheint keine Lust mehr zu haben, aufzustehen. Der zweite – wie ein Lamm dem Widder – ihm nach; legt sich hin und steht nicht mehr auf. Der dritte, vierte, fünfte Strauß desgleichen. Die Reiter rütteln, klopfen – es nützt nichts, die Straußenherde bleibt liegen. Bange Minuten des Wartens. Eine Panik Betrogener, um ihr Geld Geprellter wird sogleich ausbrechen. Kein Laut aus einer Kehle. Denn (so sagt sich das Volk zuerst) vielleicht ist das Straußenmethode; man darf sie nur in der Andacht nicht stören, dann rasen sie gewiß los. Eine Minute um die andere verrinnt. Plötzlich durchschneidet aus den rückwärtigen Reihen der Ruf die Luft: »Det kann noch Tage so dauern!« Schallendes, wut- und erwartungzerstäubendes Gelächter. Man blickt noch ein paar Mal nach der Bahn (wo sich bis heute im Bild der liegenden Strauße nichts geändert hat) und geht dann lachend, ohne Mißvergnügen heim. Das kann eine einzige, gut angebrachte Redensart bewirken. Doch gibt es neben solchen mehr oder minder noch gutmütigen Redensarten ein Wort – ein Wort sag' ich euch, wie es mörderischer und zugleich energienbefeuernder kein Volk auf Erden erfand. Eine kurze, schlichte Frage lautet: »Wat will er?« – »Wat will er?«, das ist der aufgeknackte Hahn eines Tatsachenrevolvers, der gegen das Herz der Untatsächlichkeit gezückt ist; der Kernschuß aus dem Lauf der Konkretheit; wat will er? heißt: was geht dies oder jenes uns an? was bringt es uns als Zeitgenossen? was können wir, Berliner, Mitlebende, Steuerzahler des Jahres 1928 zur Vermehrung und Befestigung unserer äußeren oder inneren Welt damit beginnen? Was bleibt von Schwall und Schall für unser Orientierungsbedürfnis zurück? Wat will er – das ist die Unbeirrbarkeit von Menschen, die das Gefühl für Zeitgemäßheit in der Nase sitzen haben, die mit der Fähigkeit begnadet sind, die Wichtigkeiten von morgen vorauszuriechen. Eine Interjektion der kurzen, abgehackten Verwunderung gegenüber allen Veitstänzen auf Bühne, Tribüne und Podium. Ja oft sogar eine gespielte Verständnislosigkeit, die sich kühn über das Projekt allfälligen Verständnisses setzt. Wie viele, die hoffnungsvoll mit ihrem geistigen Gepäck nach Berlin segelten, mußten vor diesem »Wat will er?« die Segel streichen! Aber anderseits: wie viele, die sich in ihrer Heimat Jahre lang sinnlos um ihre eigene Achse drehten, ohne danach gefragt zu werden: und weil sie nie danach gefragt wurden, wat sie wollen, hat diese Berliner Frage erst zu Tat und Leistung ermuntert! Nur manchmal, wenn man ihn selber, den Berliner »laufen« sieht, hin und her, von Ziel zu Ziel, von Tag zu Tag, von Errungenschaft zu

Errungenschaft, von Schlagwort zu Schlagwort, möchte man voll Bangigkeit fragen: Wat will er? Aber fragt es ihn nicht. Laufende wie Nachtwandler darf man durch keinen Zuruf stören. Sie fallen sonst um.

Der Tag, 8. Jg., Nr. 2176,
1. Jänner 1929, [Beilage] Neujahr 1929, S. 17 (Anton Kuh)

Der Sohn der Wäscherin

Ein Denkmal für das alte Oesterreich – Wer steckt hinter Erich von Stroheim? – Die k. u. k. Monarchie im Film

Was ist das Ergebnis der Weltgeschichte? Ein Film. Was bleibt von einem Jahrtausendreich? Eine Weinstubendekoration.

Die Feststellung sagt nichts Neues. Aber wenn zwischen der historischen Wirklichkeit und ihrer Kino-Reminiszenz, zwischen Weltreich und Wandbild eine Zeitspanne von nicht mehr als zehn Jahren liegt, so ist das ein beklemmendes Beispiel für Tempo; und man weiß nicht, ob man es als Beweis dafür nehmen soll, wie unwirklich jene Wirklichkeit von jeher war oder wie verkannt ihre Schönheit. Vernehmen Sie eine Geschichte, die sich in einem wundersamen Zirkel schließt: Sie beginnt bei einem kleinen Einjährigen der österreichisch-ungarischen Armee, der gerne Offizier werden wollte und es nicht vermochte, führt über den Untergang eines Staates, der eine Militärmacht war und es nicht bleiben konnte, endet bei dem Monument, das der kleine Einjährige seinem großen Staat setzte, und enthält das ganze Schicksal des Habsburgerreichs.

*

Vor ein paar Jahren, nicht lange nach dem Umsturz, begann in der Filmwelt ein neuer Name Aufsehen zu erregen: *Erich von Stroheim.*

Ein Hollywood-Name. Man wußte noch nicht, was sein Träger geleistet hatte, aber man kannte den sagenhaften

Ruf, den seine Filme in Amerika genossen. Er sei, sagte man, der Wiedererwecker des alten Österreich; er habe, mit unerhörten Geld- und Bildkräften, die alte Monarchie drüben in Mode gebracht, von den schönen Uniformen bis zu den Fiakerkutschern, vom Kaiser Franz Josef bis zur Turf-Karolin'; er brauche oft zwei Jahre zur Fertigstellung eines solchen Werkes und ein paar Millionen Dollars; er »verdrehe«, wie es in der Fachsprache heißt, sinnlos Hunderttausende von Zelluloidmetern, nur um seinem Fetisch »Österreich« zu frönen; er knie sich dermaßen in den Naturalismus seiner Bilder hinein, daß ihn oft tagelang der Bart eines Komparsen beschäftige; und die Kunstwerke, die dieser Mühe entstammten, seien ein merkwürdiges Gemisch von Haß und Liebe: Haß gegen die alte Gesellschaft Wiens, aber innige Liebe zum Ganzen.

Dann bekam man den einen oder anderen dieser Filme zu sehen und fand ihren Ruf bestätigt. Hier hatte jemand wirklich dem alten Österreich ein Denkmal gesetzt! Das war Geschichtsschreibung in märchenhaften Bildern! ...

*

Wer ist, fragte man, der sonderbare Mann, der diese Werke schuf? Was ist das für ein widerspruchsvolles Wesen, in dem der Karl Kraus mit einem Walzertraum-Niki verschwistert scheint? Woher kommt seine Wildwütigkeit in Haß und Liebe?

Die Filmeingeweihten gaben darauf folgende Antwort:

Erich von Stroheim ist der Sproß einer uralten Offiziersfamilie; er hat Österreichs Blüte und Niedergang miterlebt und packte, als die Zustände unerträglich wurden, sein Bündel; sein Herz war gebrochen, als seine Heimat auseinanderbrach; er kam nach Hollywood und belieferte das schaufreudige Auge Amerikas aus seinem heimwehblutenden Gemüt mit Wien, Wien und noch einmal Wien; aber da ihn seine Heimat, für die er als Oberleutnant gekämpft und gestritten hatte, kaltherzig ziehen ließ, so mischte sich in die Blutstropfen des Heimwehs auch satirische Gallensäure ...

So was liest sich ergreifend; es ist die Sprache, die man drüben fürs Geschäft braucht.

Nur schade, daß kein Wort daran wahr war! ...

*

Die Frage nach dem Mann schlief ein, man begnügte sich mit der Briefkasten-Legende, forschte nicht weiter ... bis im heurigen Sommer ein Berliner Kinopalast Stroheims Gipfelwerk *»Hochzeitsmarsch«* zum erstenmal vorführte.

Man griff sich neuerlich an den Kopf. »Herrlich«, riefen die einen, »dieser Mann ist ja ein Film-Zola! Zügellos, ungebändigt, ungeschliffen, aber tollkühn in seiner Realistik. Der breite Strom seiner Phantasie schleppt viel Kitsch-Gestein mit – aber wie rauscht dieser Strom und schäumt über sein Bett!« – »Scheußlich«, sagten die anderen, was für ein verzerrtes Affengesicht gibt dieser Mann seiner Heimat! Wie disziplinlos schweift er aus, in seinen süßlichen Sentimentalitäten wie in seinen bitteren Gehässigkeiten!«

Sie hatten beide recht und unrecht. Die Übertreibung auf beiden Seiten bewies eigentlich nur wieder – die Dummheit des Metiers. Denn diese Stroheimsche »Realistik«, was war sie im Grund? Der – streckenweise unternommene – Versuch zur Natürlichkeit. Aber das Filmhandwerk als Ganzes hat sich derart an die sirupsüße, rosenrote, faxenhafte Unwirklichkeit gewöhnt, daß man den leisesten Ansatz zu einer Entsüßlichung, Entblödung bereits als Daumiersche Verzerrung nimmt, als eine Goya-Welt von Hexen und Gnomen.

Was ist nur der Inhalt jenes Films, daß er die Meinungen so aufwühlen konnte?

Ein junger Oberleutnant von der Arcièren-Leibgarde lernt bei der Fronleichnamsprozession hoch vom Roß aus ein *kleines Wiener Mädel* kennen. Sie ist Harfenistin in der Gastwirtschaft des Vaters und soll einen Fleischergehilfen heiraten. Er dagegen, der Leibgardist, Fürst von Soundso, muß, da seine Eltern verarmt sind, der hinkenden Tochter eines Großschlächters die Hand zum Ehebund reichen. Nun zieht sich auf einem endlosen elegischen Pfad, mit viel Wienerwaldzauber, Tirili und Blütenregen (es ist ein Geräuschfilm – da macht zum schmachtenden Duett in der Laube sogar die Amsel »Kitsch-Kitsch«) der Weg von der Liebe zur Entsagung. Die Harfenistin sinkt gebrochen ihrem Fleischer in die Arme, der Oberleutnant fährt, steinharten Verzicht im Antlitz, an der Seite der Hinkenden von der Trauung heim.

Also kein *happy-end*. Sondern: *»C'est la vie«,* wie der Lateiner sagt. Schon das gilt bei einem Film als revolutionär. Hier aber hatte es seine besondere Bedeutung: denn der Held dieses Stroheim-Films ist neben dem Stefansturm (in dem und um den herum sich alles abspielt, von der Fronleichnamsprozession bis zur Trauung) das

Gesicht der altösterreichischen oberen Zehntausend. Wenn das kleine Mädel nach rechts, zu ihrem ungeliebten Bräutigam, der Offizier nach links, zu seiner ungeliebten Braut, abwankt – was sehr wahrhaftig und unauffällig gezeigt wird –, so soll man das Gefühl bekommen: die Kinder, die einst den beiden Ehebünden entstammen, werden genau so häßlich, so lieblos, so heuchlerisch sein wie die fürstlichen Eltern des Helden ...

*

Hier lebt sich nämlich Stroheims Ärger gegen seine Heimat aus und seine eigentliche Kunst: in der Auswahl der Gesichter. So etwas Lebenswahres, ja Dokumentarisches wie den Vater General, der mit der Schnurrbartbinde einschläft, oder wie den Schwiegervater Großschlächter, der vor Gewinnsucht förmlich mit den Augen blökt und dabei nicht einmal im verrufenen Salon aufhört, »Bürger von Wien« zu sein, so etwas Gutmütig-Böses, Original-Österreichisches hat man kaum je gesehen. Rückschauend erscheint hier der Untergang einer Welt vorhergesagt aus ihren Physiognomien. Und so wird in diesem Film am Ende, wenn die Stefansturmglocken das Unglück heimläuten, aus dem »Walzertraum« eine »Götterdämmerung« ...

Aber seltsam: Aus der Hand der Kritik wuchs die Liebe. Stroheim zog aus, um seiner Heimat ein Monument der Charakter-Häßlichkeit zu setzen – und was blieb? Ein Monument seiner vergangenen Kulturschönheit. Wider Willen wird der Ankläger zum Aufbewahrer. Wahrhaftig – wider Willen? Konnte diese prachtvolle, in ihrer Naturtreue unüberbietbare Fronleichnamsprozession – im

Atelier von Hollywood hergestellt! – mit dem ganzen Gepränge der alten Residenz (mit dem mit der Kerze hinterdreinschreitenden Franz Josef) und dem ganzen hellblauen Licht der Stadt und ihres Volks, nur aus dem Hang zur Genauigkeit erstehen? Konnte diesen Stefansplatz jemand bauen, der nicht im alten Wien und im alten Österreich sein Herz verlor? … Man mag vom Geist dieses Films oft die Empfindung haben, als habe sich hier ein Schnitzler-Leutnant aus der Komödienwelt, in die ihn der Dichter sperrte, losgelöst und mit feschem achselwerfendem Elan entschieden: »Ah wos – i bau mir um mich meine eigene Welt!« Aber die Luft dieser Welt ist: *Schönheit.*

Noch einmal und drängender erneuert sich die Frage: wer ist dieser Mann? Was für ein geheimnisvolles Wesen?

Antwort:

Kein Schnitzler-Leutnant. Kein Offizier. Kein »von«. Überhaupt keiner »von oben«, der an seinen Standeskollegen Vergeltung übte. Sondern im Gegenteil: *einer von unten, der nicht hinauf durfte;* ein kleiner Österreicher, der in seiner Heimat nicht groß werden durfte und sie zur Rache dafür – – unvergänglich machte! Einer, der nicht mittun durfte und deshalb die Vergangenheit mit der gleichen Maßlosigkeit bekämpft, mit der er ihren versäumten Schönheiten nachtrauert.

Stroheim ist der Sohn einer Wiener *Wäscheputzerin.* Sein Ideal war, Reiteroffizier zu werden, in einem feudalen Regiment. Aber als er – durch Protektion ein Stück hinaufgekommen – sich um die Aufnahme als Einjähriger zu den Dreier-Dragonern bewarb, da war die Zahl der vorgesehenen Zugelassenen bereits komplett; über diese

Zahl hinaus entschied nach altem Brauch das Los; Stroheim hatte Pech – er zog die falsche Nummer. Er kam zu einer Waffengattung, die im Frieden über die Achsel angesehen, im Krieg später ihre Nützlichkeit und Wichtigkeit erwies: zum Train. Nach einem Jahr wollte er die Offiziersprüfung ablegen. Er hatte wiederum Pech. Fiel in der Prüfung durch und wanderte (vor dem Kriege) aus. Dann erlebte er in Hollywood seine Wiedergeburt: als Ex-Oberleutnant Erich von Stroheim. – – Es gab bei den weiland k. u. k. Militär-Doppel-Monsterkonzerten ein Paradestück des alten Ziehrer; benannt: »Der Traum eines österreichischen Reservisten«. Darin waren, paukenkräftig und tschinellenfroh, alle Klänge des österreichischen Militärdaseins enthalten, vom Zapfenstreich und »Zum Gebet!« bis zum Kanonendonner, Pulverdampf und »Vater, ich rufe dich!«. Eine freundliche Verklärung des Soldatendienstes, so recht »Traum«.

Stroheims ganzes Lebenswerk ist so ein Traum, von jemandem nachgeträumt, der zur Wirklichkeit nicht zugelassen wurde; ja, der nicht einmal miterleben durfte, wie die anderen aus ihrem Traum erwachten ...

Süddeutsche Sonntagspost, Jg. 3, Nr. 33, 18. August 1929, S. 9–10 (Anton Kuh)

Das ist Berlin!

Berlin im Spiegel seines Theaters

3. September – die Sonne schickt hochsommerliche Gluten vom Himmel – die Reisekoffer liegen noch unausgepackt –, da stößt in breiter, elffach gestaffelter Front die Theatersaison vor; es marschieren:

Die andere Seite (Deutsches Künstlertheater)
Grandhotel (Lustspielhaus)
Tyll (Staatsoper)
Hannibal ante portas (Königgrätzer Straße)
Die drei Musketiere (Charell)
Der arme Heinrich (Deutsches Volkstheater)
Happy end (Theater am Schiffbauerdamm)
Dantons Tod (Volksbühne)
Der Kaufmann von Berlin (Piscator)
Zwei Krawatten (Berliner Theater)
Der Unwiderstehliche (Kammerspiele).

Zurzeit, da diese Zeilen in Druck gehen, liegen bereits Tote und Verwundete auf der Walstatt. *»Hannibal ante portas«* des Amerikaners Sherwood hat ein Witz Egon *Friedells* das Totengeleite gegeben: »Shaw zu Nachmittagspreisen«; über das neue Brecht-Weill-Opus *(Happy end)* schrieb Alfred *Kerr,* statt sich wie die meisten seiner Kollegen snobistisch zwischen Ablehnung und Anerkennung hindurchzuwinden, das erlösende Wort: *»ein geistloser Dreck«;* und von den Proben zu Mehrings »Kaufmann von Berlin« erzählt man, ein Hauptdarsteller habe dieser Tage aufgeregt im ganzen Hause nach dem Dichter gerufen mit den Worten: »Mehring, kommen Sie rasch auf die Bühne – ein Satz von Ihnen wird gesprochen!«

Das vorzeitige Premieren-Bombardement ist für Berlin typisch. Diese Stadt kennt in der Behandlung ihres Publikums kein Maß und keine Oekonomie. Sie kennt nur eines: die Konkurrenz. Mit einer Heißgier, deren Keuchen allzu vernehmlich ist, macht sie Hochsaisonwind, ehe noch ein Blatt von den Bäumen gefallen ist; ohne Goethes Wort zu bedenken, daß im Wechsel die Annehmlichkeit des Daseins liegt, verkürzt sie die Ruhepausen bis zu einem Grad, der einen die Worte des zu Tod gelangweilten Herrn v. Lips aus Nestroy begreifen läßt: »O Gott, wann wird ein Frühling kommen, wo die Bäume papperlgelb sind!« Und sie merkt in diesem Laufschritt der Betriebsamkeit gar nicht, wer in ihren Reihen tot umfällt. So hat sie heuer gar nicht gemerkt (und mit keinem Wort daran erinnert), daß in dem stolzen Aufmarsch der Name »Haller« fehlt. Die Haller-Revue war sonst in jedem Jahr das eigentliche Saison-Signal; in der Einfahrt des Admiralspalastes standen Hunderte Neugierige und sahen die Prominenten sonnengebräunt aus ihren Wagen steigen; und nach dieser Generaltruppenparade des Smokings kam monatelang die Provinz herbeigeeilt, die Tuchreisenden aus Gleiwitz, Kroppenstädt, Eberswalde sammelten bei Haller Stoff für ihren Bericht, wie verflucht das Leben in Berlin sei. Sie werden fortan die Verfluchtheit an anderen Stätten aufspüren müssen – Haller ist sang- und klanglos auf der Strecke geblieben. Aber Berlin merkt es nicht ... *Beklemmende Stadt!*

*

Freilich: *Berlin und der Berliner* ist nicht immer dasselbe. Es bleibt fraglich, ob dieses Premieren-Trommelfeuer zu Beginn der Saison nicht deren ganzem Verlauf schadet; denn wenn bei 28 Grad Celsius bereits die volle Munition eingesetzt wird und man den heimgekehrten Berliner, der sich eben wieder mit einer gewissen Freude in entbehrte Stadtgewohnheiten findet (etwa bloß: auf dem Kurfürstendamm zu spazieren, in Cafévorgärten zu sitzen, den Geruch der Stammkneipe einzuatmen), sogleich in Dezember-Sensationen stürzt – dann liegt die Gefahr nahe, daß er den Widerstand gegen diese voreilige Attacke des Theaterzettels in den Winter hineinnimmt; denn man gewöhnt sich an nichts so leicht als ans Nicht-Parieren. Dazu kommt die eigentümliche Art, mit der der Berliner auf Ueberheftigkeiten der Werbung und Umschmeichelung reagiert: er glaubt dann, daß man *ihn blöd machen will,* und sagt: »Nu erst recht nicht!« An diesem Grundsatz scheitert ja auch bis auf weiteres (bis auf den *»singing fool«*) die Institution des Tonfilms. Man hat es im Frühsommer beim Film »Hochzeitsmarsch« gesehen und konnte es unlängst wieder bei einer Tonfilm-Premiere erleben, wo am Ende Schupo die Lacher und Ruhestörer aus dem Saal führte: die Leute, die sich den sirupsüßesten Kitsch mit Wonne gefallen lassen, werden sogleich rebellisch, wenn dazu das Kiwitt der Nachtigall ertönt und das Gemüt mit phonetischen Fangeisen gepackt wird; sie sagen: »Nu erst recht nicht!« und machen Klamauk. Denn weil der Berliner weiß, wie sehr er in seinem Geschmack und seinen Meinungen von den Reklametrommlern und Vorkäuern abhängig ist – gerade deshalb macht ihn ein Zuviel leicht stutzig und renitent; seine Angst, sich zu blamieren, geht ihm dann über jeden naiven Genuß.

Gebt acht, Berliner Direktoren, daß Eure September-Offensive nicht eine ähnliche Wirkung hat! Und daß der Berliner Theaterbesucher, den Ihr bei Hochsommergluten an den Haaren in Eure Häuser schleift, nicht bei Schnee und Frost erwidert: »Nu erst recht nicht!«

Münchner Telgramm-Zeitung und Sport-Telegraf, 8. Jg., Nr. 170, 5. September 1929, S. 1 (Anton Kuh)

»Hier können Arbeitslose 50 Pfennige verdienen!«

oder Das Wasser von Delphi. Ein Original-Berliner Mysterium

Im Frühjahr erregte in Berlin eine Affäre Aufsehen, die unter der Schlagzeile: »Der Kampf um Delphi« täglich die Zeitungen füllte. Die kriegerische Angelegenheit ist indessen längst eingeschlafen, der Kampfplatz liegt im Frieden nächtlichen Amüsiertreibens, aus Schimpfgelärm und Schwertgeklirr wurde dicht gehäuftes Aktenpapier – – aber nun, drei Monate später, wird eine kleine Phase jenes Feldzugs bekannt, so brutal und witzig, so urberlinisch, daß es sich um dieses Nebenumstandes willen verlohnt, die ganze Geschichte noch einmal aufzurollen.

Vernehmen Sie also, liebe Freunde, zuerst den Tatbestand und hernach den Nebenumstand:

Der Tatbestand

Ein in den Inflationstagen reichgewordener Wiener Kaffeehausbesitzer namens Schneid (im Äußeren, wie schon der Name sagt, der Typ des feschen Wiener Reserve-Offiziers) beschloß eines Tages, im Berliner Westen einen Unterhaltungspalast zu gründen, der alles Dagewesene in den Schatten stellen sollte. Da seine Barmittel für die gigantische Idee nicht ganz ausreichten, beschritt er zur Beschaffung des Restes einen in der Nachtindustrie nicht unbekannten Weg: er schloß mit dem namhaftesten *Tischtuch-Verleiher* Berlins einen für mehrere Jahre gültigen Lieferungsvertrag und ließ sich auf diesen Vertrag von dem begünstigten Verleiher eine Vorschuß-Summe auszahlen. Er von ihm, nicht umgekehrt! Denn das ist der Nächte so der Brauch: der Produzent bezahlt den Konsumenten; sie leben beide von Anzahlungen und Teilsummen und bilden gegebenenfalls die Einheitsfront der Zahlungsunfähigkeit gegenüber einem fordernden Dritten.

Dies war der materielle Hintergrund eines Unternehmens, dessen Sinn darin lag: den beschäftigungslosen Wiener Nachtlokalgeist auf Berliner Boden New Yorker Dimensionen annehmen zu lassen.

Der Palast schoß in die Höhe und nannte sich *»Delphi«*.

Was soll ich über den Wunderbau sagen? Es war, als hätte sich der Tischtuchlieferant mit einem Michelangelo verschwistert. Neben dem Stadtbahnbogen beim Theater des Westens stand ein Buddhatempel aus der Zeit Ludwigs des Vierzehnten. Die Kulturen Spaniens, Frankreichs, Griechenlands und Alexandriens reichten einander die Hände, um dem Eintänzer von 1929 eine Prunkarena zu bieten. Die Kritik (in Berlin unterliegen neueröffnete Nachtlokale zunächst der Kunstkritik) irrte durch die Säle mit einiger Verlegenheit; sie sah sich einem maurischen Empire gegenüber, das in hellenische Frühgotik hinüberschillerte. Und von der Wand des großen Tanzsaales, zwischen mythologischen Gemälden, die Zeus, Osiris, Ariadne und den König Wladislaw von Polen miteinander verwickelten, grüßte in goldenen Riesenlettern als Kompliment vor der Bildung und zur Befeuerung der Tanzlust die Aufschrift:

»Honny soit, qui mal y danse!«

Wohlgemerkt: *danse* nicht *pense*! Ein geistreicher Kopf mußte das erfunden haben. (Der Tischtuchlieferant?) Aber leider Gottes ließ sich Berlin, dessen Bildungsstolz sonst im Theater und auf dem Kabarett nie vergeblich umschmeichelt wird, durch das Bonmot nicht ermuntern. Es kam mehr zum *danse* ...

Kurze Zeit nach der Eröffnung saßen Schneid und sein aus Wien herbeigeholter Geschäftsführer *Glasl* (ein tapferer, prächtiger Bursche übrigens, der im kommenden Kampf bewies, welche Fronttugenden ein Wiener Nachtlokalchef haben muß) allein vor ihrem Sekt; kalt und öd hallte um sie der Prunk von Paris-Athen-Byzanz; 800 rotsamtene Sessel harrten vergebens der Benützung.

Nun begann der denkwürdige Krieg: der Hausherr, das heißt: Eigentümer des Palastes, wollte die beiden auf die Straße hinaus haben; die beiden aber hatten Verträge, Garantien, Lizenzen. Ein Gerichtsstreit entspann sich; Schriftsätze wurden ausgefertigt, Termine anberaumt – der unendliche Zivilkampf drohte, der immer erst nach Jahren entschieden wird, bei dem also derjenige Sieger bleibt, der momentan den Keller- und Kassaschlüssel in der Hand hat; in diesem Kampf spielt ein Wort die Hauptrolle, denn es hat mörderische Aufschubkraft; das Wort: Einspruch. Der Hausherr sperrte Glasl und Schneid die Türe vor der Nase zu – die beiden – erhoben sie Einspruch? ... Ja! Aber sie wußten zugleich, wie lange so ein Einspruch zur Erledigung braucht; sie wußten, daß es auf den Keller- und Kassaschlüssel, nicht auf die Gerichtsentscheidungen ankomme; sie taten etwas, was in der Geschichte deutscher Rechtsverwickeltheiten bisher noch nicht da war, etwas, was in dieser sinnfälligen, landsknechtsicheren, selbstverständlichen Art vielleicht nur zwei Wiener, das heißt: Zugereiste aushecken konnten: sie drehten der Bandwurmwissenschaft der Rechtsprechung eine lange Nase, indem sie sich unter irgend einem Vorwand Eintritt ins Haus verschafften, sodann Organe der Wach- und Schließgesellschaft draußen postierten und erklärten: mag das Recht welchen Weg immer gehen, wir ziehen von hier nicht heraus.

Niemals zuvor war die Justiz in größere Verlegenheit gekommen als durch diese Kolumbus-Ei-Idee der beiden Wiener: »Wir bleiben hier sitzen.« Denn bekanntlich können die Gesetzeshüter nur Rechtslagen umstoßen nicht Tatsachen; sonst setzen sie sich ja zu ihren eigenen Paragraphen in Widerspruch, von denen einer der wesentlichsten lautet: Hausfriedensbruch. Während also die Entscheidungen, Einsprüche, Terminanberaumungen, Exekutionen hin und herwogten, saßen die beiden Delphi-Feldherren gemütlich in ihrem Palast.

Das heißt: gemütlich kann man nicht sagen. Da es hier nur auf Macht und Situationsstärke ankam, glich der Nachtlokal-Tempel alsbald einer belagerten Festung. Die Eingemauerten mußten sich für ihren Kontakt mit der Außenwelt (und besonders den Rechtsanwälten) laufender Boten bedienen – ganz wie bei Shakespeare! Auf verstohlenen Wegen floß ihnen Proviant zu. Aber da kam der Hausherr eines Tages auf eine satanische Idee: er sperrte die Wasserleitung ab. Sollten die beiden Eindringlinge jetzt nur sehen, wie sie da drin ohne Labetrunk und Reinigung fortvegetierten!

Drei furchtbare, gefahrvolle Tage folgten. Am vierten strömte wieder das Wasser. Wie es aber dazu kam, das ist erst jetzt, nachdem die sogenannte »gütliche Vereinbarung« längst der Belagerung ein Ende gemacht hat, ans Licht gekommen – es bildet den vorerwähnten grotesken Nebenumstand.

Der Nebenumstand

Als der Hausherr sein Wasser abgesperrt hatte, ging Freund Glasl hinaus auf die Straße; geduckt und behutsam wie ein Komantsche aus Karl May. Er sah sich die Vorübergehenden an. Schaute jemand besonders defekt und verloren aus, so sprach er ihn an und es entspann sich folgender Dialog, den ich den Lesern leider nicht im vollen Wortlaut vermitteln darf:

»Haben Sie eine Arbeit?«

»Nee. Det könn' Sie wohl sehen!«

»Wollen Sie 50 Pfennige verdienen?«

»Schwere Arbeit?«

»Nein, eine ganz leichte. Sogar eine angenehme. Sie müssen mit mir kommen und in meinem Haus ...«

Hier lachte der Arbeitslose und glaubte sich verhöhnt. Für sowas soll man bezahlt kriegen? Wo man sonst, wenn einen die Neigung dazu plötzlich auf der Straße anwandelt, allenfalls dafür noch zahlen muß? ... 50 Pfennig für ...? ... Und dann, lieber Herr: dazu sind ja ernährungstechnische Voraussetzungen nötig, deren Unerfüllbarkeit ja eben das traurige Los unserer Arbeitslosigkeit bildet – verstehen Sie? Mit anderen Worten, freundlicher Arbeitgeber: könnten wir deinen Auftrag physiologisch befolgen, dann hätten wir's gar nicht nötig, es zu tun!

(Ja, ich könnte mir als Antwort so eines Verdutzten den gleichen Gedanken in berlinischer Fassung denken: »Mein lieber Herr, wenn ich wat zu sch ... hätt', dann sch ... ich auf Ihre funfzig Pfennije!«)

Die stark entwickelte Arbeitstätigkeit hinterließ bald ihre Spuren. In Delphis Sagenkreis entwickelten sich sanitätswidrige Düfte; 30mal 50 Pfennige ergab reichliche Ausbeute.

Herr Schneid rief das Gesundheitsamt an: »Wollen Sie, daß in Berlin Typhus und Cholera ausbricht? ... Ich bitte, senden Sie einen Beamten her, der sich die Zustände ansieht!«

Der Beamte kam – entfloh. Eine halbe Stunde später mußte der Hausherr laut obrigkeitlicher Vorschrift das Wasser wieder aufsperren.

Honny soit, qui mal y sente! ...

Der Tag, 8. Jg., Nr. 2405, 29. September 1929, [Beilage] Der Tag am Sonntag, S. 19 (Anton Kuh)

Österreicher gegen Österreich

Ein Brief an die Redaktion

In einem Feuilleton Ihrer Nummer vom 8. d. »Österreicher gegen Österreich« befassen Sie sich des längeren mit meinem im Verlage Knorr u. Hirth (München) erschienenen Buch »Der unsterbliche Österreicher«. Sie bezeichnen mich darin als ein Musterbeispiel jenes in Berlin seßhaft gewordenen Typus von Österreichern, die die Anpassung an den Geist ihrer Wahlheimat so weit treiben, daß sie ihrem Vaterland eine lange Nase drehen, also wie der übliche Ausdruck lautet: »ihr eigenes Nest beschmutzen«. Zum Beleg dieser Auffassung von meinem Wesen zitieren Sie längere Stücke aus dem Vorwort meines Buches.

Nun steht einem als Satiriker und Parodisten abgestempelten Schriftsteller nichts schlechter an, als sich gegenüber seinen Kritikern als Dünnhäuter zu erweisen; nichts wäre also logischer, als daß ich das Echo, das mein Buch produzierte, wortlos hinnehme. Aber Sie haben mir selber ein Recht zur Entgegnung gegeben: die Sätze, die Sie aus meiner Einleitung zitieren, sind so mißverständlich aus dem Zusammenhang gerissen, daß sich ihr beabsichtigter Sinn – wie der des Vorworts überhaupt – geradezu ins Gegenteil verkehrt! Ich kenne den »Pester Lloyd«, dessen Mitarbeiter ich war, zu genau, um anzunehmen, daß dieser Irrtum mit dem hetzerischen Neu-Patriotismus in einen Topf zu werfen wäre, dem die Mittel zur Diskreditierung eines mißliebigen Schriftstellers oder Werkes gleichgültig sind; doch ebendeshalb werden Sie darauf Gewicht liegen müssen, daß solche Hetzversuche in einem Aufsatz Ihres Blattes nicht einen unberechtigten Rückhalt finden.

Für den unbefangenen Leser ist der Sinn der Einleitung (die den Inhalt des ganzen Buches symbolisch kennzeichnen soll) klar: Die Geschichte hat Österreich ausradiert – aber es lebt untilgbar in uns fort; und gerade jene unter uns (den Autor inbegriffen), die früher nur in schimpfender, höhnender Notwehr gegen den Staat leben konnten, also die als Rebellen, Aufwühler, Hochverräter Verrufenen, gehen heute – ich zitiere hier wörtlich! – mit einer Wunde im Herzen herum, sie suchen mit ihrer Seele immerfort die Vergangenheit. Da diese nun unwiederbringlich dahin ist, sollen alle Menschen, das Gute und Bleibend-Humane dieses Begriffs erkennend, auf ihre Art sich in Österreicher verwandeln. (Daher der Buchtitel: der »Unsterbliche Österreicher«.)

Dichte ich diesen Sinn post festum in meine Zeilen hinein? ... Nun, eine Handvoll herausgegriffener Sätze soll es sagen: »Österreich war ein Miniatur-Paneuropa.« – »Der Mensch ist Österreicher.« – »Ich glaube an das A. E. I. O. U. Kaiser Maximilians wie an die Idee des auserwählten Volks.« – Und über Neu-Österreich: »... edle Scherbe eines Großstaats ...« – »Unglückliches Land – unglücklichere Hauptstadt!« – – Spricht so die »Verunglimpfung« und »Literatenanbiederung an Berlin«, oder wie es in dem Feuilleton hieß: das »schnoddrige Überdieachselansehen«? ... Spüren Sie da nicht, wie es andere Kritiker sehr konservativer und rechtsgerichteter Blätter merkten, auch etwas von blutendem Herzen?

Doch will ich jetzt, um nicht die ganze Einleitung neu abzuschreiben, das *schlagende Beispiel Ihres Mißverständnisses* nennen: Sie zitieren einen ganzen Abschnitt, worin ich die Bilanz davon ziehe, was Österreich heute der Welt bedeutet: »Wer will etwas davon wissen? ... Für die Neue Welt ist es ein alter Film, für die Alte ein Operettenrefrain ... usw. Kurz: Österreich ist unaktuell.« Wenn man's so liest, könnte man mich wirklich für einen bösen Buben halten, der dem Berliner Literatenvolk zuliebe aus der Ferne seine Heimat lächerlich macht. Aber es wurde vergessen, hinzuzufügen, daß ich diese Worte nicht als meine Überzeugung und aus meinem Geist heraus spreche, sondern im Gegenteil als den mein Ohr im voraus verfolgenden Einwand gegen das Unternehmen, ein Österreich-Buch zu schreiben. Also wie jemand, der diesen Grabspruch nicht hinnehmen, diese Einwände entkräften will! Und ich spreche diese Absicht auch gleich darauf unzweideutig aus!

Es kommt noch etwas Wesentliches hinzu: der Behauptung, ich gehörte (wie Ihr Feuilleton sagte) zu jenen in Berlin zu neuer Existenz gelangten Wiener Literaten, die jetzt aus Liebedienerei und Mimikry Österreich verulken, fehlt deshalb jeder Grund, weil ich fast alle Aufsätze des Buches, inklusive die vom »Pester Lloyd« zitierten, noch zu einer Zeit (und natürlich in österreichischen Zeitungen) veröffentlichte – wo ich meine Heimat gar nicht verlassen hatte!

– – Der Spötter soll, wie gesagt, nicht dünnhäutig sein – aber Sie haben mich an einer verwundbaren Stelle getroffen: mir selber ist nämlich, wie ich es xmal in Vorträgen und Artikeln aussprach, kein Typus so zuwider wie der Mimikry-Berliner aus Österreich. Hundert intime Feindschaften verdanke ich nichts anderem als dieser Abneigung. Die Berliner Zeitschriftenherausgeber und Feuilletonchefs wissen, daß ich deshalb – wahrscheinlich als der einzige unter meinen Landsleuten – das Österreichertum im Stoff und in der Perspektive meiner Aufsätze unterstreiche, statt es zu verstecken. Und, wer mein Buch genau liest, wird ebensoviel satirische Verdammung dieses Typus darin finden wie auf der anderen Seite – siehe das »Hofauto« – Aufsätze, die wegen herzinniger Heimatliebe in einem Lesebuch zu stehen verdienten.

Freilich versuche ich darum nicht, das fromme, patriotische Lamm zu spielen. Mein Buch soll ja als satirisches Werk angesehen werden. Daß ich darin dem Österreich, »wie es ist«, gegenüber einem, »wie es sein könnte«, weh tue, mag sein. Aber die Empfindlichkeit von ein paar Betroffenen darf doch nicht über die Heimatsgefühle des Autors richten; sie darf ihn doch nicht, weil er sich sein Nest anders eingerichtet wünscht, als jene es haben wollen, zum Nestbeflecker stempeln. Geschieht dies aber so weit, daß sie über den Spott und die Bosheit seines Buches die tiefe, innere Liebe nicht sehen wollen, dann ist es nicht anders als wie bei jenen Berliner Filmaffären, wo ein mißvergnügter Teil des Publikums für die Gesamtheit die Entscheidung darüber an sich reißt: was geeignet ist, das »allgemeine Empfinden« zu verletzen und was nicht.

Berlin, 20. Januar.

Pester Lloyd, 78. Jg., Nr. 20,
25. Januar 1931, Morgenblatt, S. 2–3 (Anton Kuh)

Was ich in Deutschland nicht mehr sehen möchte

1. Den Mann von der Rezeption, dessen Blick mich von seinem Stehpult aus beim Betreten der Hotelhalle wissen läßt, daß my home an office ist, kein castle.
2. Melodielos ausrasierte Nacken, die in den Stehkragen abstürzen wie der Traunstein in den Gmundner See.
3. Blumenvasen auf Tischen, an denen schlecht gegessen wird.
4. Den schnippischen, vorn eingedrückten Hut aus hellgrauem oder beigefarbigem Filz, den sich die Unternehmungslust sonntags (viel zu tief in die Stirn hinein) auf den Kopf stülpt.
5. Den Blick vom Nebentisch, der erraten will, wer ich bin, wie ich heiße, woher ich komme und welcher Partei ich angehöre.
6. Tanzproduktionen mit Weltanschauung.
7. Den Kakaduschopf, den ein großer Teil der männlichen Bevölkerung als Ueberbleibsel des weggeschorenen Haupthaars und zur Bekundung forschen Geistes durch die Welt trägt.
8. Premierenkritiker in Wickelgamaschen.
9. Wickelgamaschen.
10. Mannequins mit dem Blick aus unergründlichen Tiefen.
11. Mensurschmisse, die den Mund ihres Inhabers künstlich verkleinern.
12. Mein Visavis.

Der Querschnitt, 11. Jg., Heft 5, Ende Mai 1931, S. 342 (Anton)

Diktatur des Jüngels

Motto: »Nu na!« (Karl Kraus)

Im Lehr- und Übungsbuch der griechischen Sprache für die unteren Klassen der Mittelschule heißt es: »Wer sich in die Gefahr begibt, kommt darin um.« Der Satz hätte in riesigen Leuchtlettern vor meinem Auge erscheinen müssen, als ich die Aufforderung der Berliner »Volksbühne«, den alten Nestroyschen »Lumpazivagabundus« einer die Figuren des Stückes aktualisierenden und ihre Sprache dem berlinischen Ohr verständlicher machenden Neubearbeitung zu unterziehen, annahm. Denn erstens konnte ich für die Verwirklichungskräfte, über die jene Bühne für das angeregte Unternehmen verfügen würde, nicht einstehen. Zweitens mißfiel mir – woraus ich kein Hehl machte – die geplante Art der Entwienerung. Drittens, viertens, fünftens. Sechstens aber war bei dem Unvermögen der Berliner Kritik, ein Werk von dessen Aufführung zu unterscheiden, voraussehbar, daß ich niemals die Früchte des Erfolgs ernten, aber zweifellos für einen Mißerfolg das Bad ausgießen würde. Ich hätte mir vielmehr noch vorstellen müssen, wie die Rezensenten es sich nach bewährtem Herkommen beim Gegenstand Nestroy nicht nehmen lassen würden, plötzlich als Philologen und Kenner aufzutreten, und wiewohl sicherlich mein Schusterbub sie an Nestroyverständnis übertrifft, mit der Miene der peniblen Sachverständigkeit festzustellen, ob am großen österreichischen Volksdichter ein crimen laesae majestatis geschehen sei oder nicht. Denn bekanntlich ist diese Angst vor der Blamage und dieses Bedürfnis nach dem Anschein der Informiertheit eines der wesentlichsten Bildungsmittel, welche die Gegenwart für das vernachlässigte Wissen der Kritiker zur Verfügung hat. Sie stürzen sich, wenn's sein muß, noch in der Nacht vor einer Premiere auf eines bearbeiteten Dichters sämtliche Werke, von denen sie bis dahin keine Ahnung hatten, um ihn am nächsten Tag gegen Verstümmlung und Mißhandlung zu schützen.

Mit all dem war auch im besten Fall zu rechnen. Trotzdem begab ich mich in die Gefahr. Die Aufgabe war reizvoll. Zudem verließ ich mich völlig auf den Regisseur des Abends, Herrn A. M. Rabenalt, dessen »Regimentstochter«-Inszenierung mich in diesem Winter so entzückt hatte, daß ich meine Bedenken gegen die Besetzung des Stückes und vieles andere, was zum Schluß unfehlbar auf das Konto des Bearbeiters gesetzt werden mußte, vom Zutrauen zu dem Spielleiter besiegen ließ. Freilich ging mein Mut nicht so weit, mir auch nur eine Probe anzusehen. Ich nahm meine Arbeit, soweit sie an dieser Bühne verwirklicht wurde, als einen Ad-hoc-Auftrag, der mich nach Ablieferung des Manuskripts nicht mehr zu interessieren hatte. (Ich ersparte es mir also – wie nachher klar wurde – dabeizusein, wie da das Wienertum des Textes in ein Preußentum umgemodelt wurde, wie der Sinn und die Rede der Figuren sich aus dem Heiter-Legeren ins Kalt-, manchmal Düster-Präzise verschob und wie man einen ganzen Akt (den zweiten) szenisch auf Stumpf und Stiel zusammenhackte.) Und ich verzichtete auch darauf, trotz der Wichtigkeit, die gerade bei Nestroy das akzentuierte und mundscharfe Wort hat, und obwohl eine Nestroy-Inszenierung für mein Gefühl nur von der Sprache her möglich ist, dem Beispiel des bühnenbehexten, im Taumel durch die Kulissen jagenden und so alle versäumten Wonnen der Knabenzeit nachholenden Karl Kraus zu folgen, der sich den Beinamen eines »Wortdramaturgen« beigelegt hat und bei einem solchen Anlaß gewiß nicht davon abzubringen gewesen wäre, Tag und Nacht auf der Szene zu stehen und mit den Akteuren Schullehrer zu spielen. Denn es gibt nichts Lächerlicheres, als die Wichtigkeit, welche man sich selber gibt, zu einem heiligen Dienst am anderen umzudeuten und den Genuß an Hervorruf und Beifall, den man für sich selber einheimst, als Verantwortung für das Werk eines anderen auszugeben. Ich konnte und wollte also zu der Vorstellung des »Lumpazi«, deren Regisseur ich hochschätze, gegen deren Mittel und Beiwerk mir aber kein wirksamer Protest zustand, weder ja noch nein sagen. Ich hatte mich des Rechts begeben, den gekränkten Autor zu spielen und etwa nachher den Zeitungen, welche den Wegfall des berühmten Couplets »Die Welt steht auf kan Fall mehr lang« rügten oder sich über eine politisch geschliffene Wendung mokierten, mitzuteilen, daß jenes zwar in meiner Bearbeitung enthalten gewesen sei, diese aber nicht. Alles blieb ja Gott und dem Regisseur überlassen. Doch eines konnte ich mir trotzdem und zumal bei der Vergegenwärtigung der Sachverständigengesichter, die nachher ohne Frage die Rezensenten aufsetzen würden, nicht versagen: diesen nämlich in der Bearbeitung ein Bein zu stellen und sie ein bißchen irrezuführen. Da sie doch selbstverständlich alle genau imstande sein würden anzugeben, was in diesem Sudelbrei Original-Nestroy und was hinzugefügter Kuh sei, so steuerte ich trotz der selbständigen Fassung mancher Szenen und der Verfassung eines neuen dritten Aktes fast nicht ein einziges Original-Bonmot bei, sondern baute mir mein Haus mit lauter Nestroysteinen; das heißt, ich nahm die Aussprüche Nestroys, wo ich sie fand, und legte sie zu neuem dramatischen Zweck den Figuren in den Mund. (Bei einigen wenigen Dialogstellen genügte mir die Annäherung an den Nestroyschen Tonfall.) Nun sollten sie suchen, sichten und sich zurechtfinden! Nun sollten sie ihre Sachverständigkeit im Schweiße ihres Angesichts demonstrieren! ... Dasselbe geschah mit den Couplets. Ich nahm in der Regel eine Originalvorlage und textierte sie entweder neu oder mischte neue Strophen zu den alten. Wie das Ganze nun aussehen wird, das wird man der demnächst erscheinenden Buchausgabe entnehmen können, die ich mit einer nicht zu leugnenden Freude auf den Tisch der Kritiker werfe – sie sollen dann vergleichen und mir sagen, welche Sünde am Geist und der Sprache Nestroys begangen wurde. Sie werden es nicht tun. Sie werden sich von der Blamage, die sie sich mit der Abgrenzung dessen, was Nestroysches Genie und Kuhscher Kaffeehausintellekt ist, geholt haben, nicht einmal selber Rechenschaft geben. Ich habe sie aufs Eis geschickt, und sie haben mich darin einsinken lassen.

Wer sich in Gefahr begibt, kommt darin um. Ich dürfte mich also nicht beklagen. Weder über die Literaturkenner, die in der großen Presse, noch über die Schlieferln, die in Film-Journalen über mich herfielen. Im Gegenteil, ich hätte meinem Schicksal dafür zu danken, daß es mir einen helläugigen, theaterkundigen Mann, wie Alfred Kerr, und einen ebenso unbefangenen und klarblickenden Kritiker, wie Monty Jacobs, ins Haus gebracht hat, die beide erkannten, was meiner Arbeit und was der Aufführung zuzuschreiben sei und inwiefern sich Absicht und Gelingen decke. Aber die Aufnahme, die meine »Lumpazi«-Bearbeitung in der Berliner Presse fand, ist leider, wie sich aus einem Fall zeigen wird, nicht meine Privatangelegenheit. Sie bildet einen Beitrag zum gegenwärtigen Zustand der Presse, ein Symbol dafür, wie tief unter den denkbar tiefsten Pegel gewisse Zeitungen in Berlin gefallen sind.

Von diesem Fall sei hier berichtet.

*

Als ich zum erstenmal nach Berlin kam, sah ich in der bekanntesten Literatenkneipe dieser Stadt unter den Kabarett-Conférenciers, die hier (wie an anderer Stelle dieser Zeitschrift dargetan wird) nicht nur tonangebend, sondern auch geistbildend wirken, einen jungen, bei aller Subjektivität gesagt, wirklich nicht schönen Mann. Das Prototyp jenes frühreifen, altklugen Knaben, von dem die bekannte Anekdote geht: »Moritzel, warum trägt der Schwiegersohn Crêpe?« – »Weil die Schwiegermutter krepiert ist.« Seine druckfertige, mit den Abfällen des Zeitschriftenjargons prunkende Klugheit durchschnitt den Raum wie ein Hohnlachen über ausgebliebene Züchtigungen; wie die Unerzogenheit, die ihren Familienterror an fremden Ohren übt. Ich wußte sofort: das ist ein Kronprinz. So sehen ja auch die Erstgeborenen gewisser Prager Bourgeoisfamilien aus, die, verhätschelter Stolz der Mischpoche, talentiertes und Gescheitheit spritzendes

Kronjuwel eines Kommerzialrathauses, von der Gnade des väterlichen Geldes sich groß gebärden dürfen. Sie sehen alle wie dieser Jüngling mit der wehleidigen Quetschnase und dem breitgezogenen Altweibermund unbekannterweise aufs Haar ihrer eigenen Großmutter (mütterlicherseits) ähnlich. Das alte, von Frauen getragene Weh der Klasse und Rasse hat sich in dem vergreisten Embryonenturn ihrer Züge verewigt. Dazu paßt auch die eigenartig fistelnde, sozusagen aus dem Mutieren nicht recht herausgekommene Stimme, wie sie der da hat. Doch noch mehr und sinnfälliger der Kotau, den die andern rings umher vor ihm machen, die Ernsthaftigkeit und Reverenz, mit der sie seine Vorlautheit gewähren lassen, die Schmeichelei, mit der sie ihn umdrängen. Das muß ein Sohn sein, sagte ich mir, eine andere Charge kann der junge Mann nicht haben. Wer ist es?

»Das ist der Rolf Nürnberg«, war die Antwort, »seinem Vater gehört das ›12 Uhr Blatt‹.«

»Hier Anton Kuh. Dort Herr Chefredakteur Steinthal vom ›12 Uhr Blatt?‹ Ich habe Ihnen noch Dank zu sagen. Als ich im vorigen Jahr einen Vortrag hielt, haben Sie sich reserviert verhalten, obzwar ich ein Mitglied Ihrer Redaktion ein bißchen aufs Korn nahm.«

»Sie meinen Herrn Rolf Nürnberg?«

»Ja. Ich rufe Sie auch seinetwegen an: als Kollege, der mit Ihnen verhüten will, daß sich der Journalismus kompromittiert. Sie kennen die Beziehung des jungen Nürnberg zum Karl Kraus. Sie wissen, daß Karl Kraus das Monopol auf Nestroy und Nestroy-Bearbeitungen hat und wie ich zu ihm stehe. Sie wissen auch, daß Kraus nur solche Freunde in den Zeitungen brauchen und dulden kann, die ihm willenlos ergeben sind – die Kraus-Beziehung ist ja ein strenger Ritus. Ich erfahre nun, was ich nach den Gesetzen des journalistischen Anstands kaum glauben kann, daß trotz der notorischen Freundschafts- und Gefälligkeitsbeziehungen des Herrn Nürnberg zu Karl Kraus – Sie wissen ja, daß Kraus dadurch auch die Tore zum Rundfunk geöffnet wurden und die arme deutsche Hörerschaft dreimal in der Woche mit Kraus bombardiert wird – Herr Nürnberg dazu ausersehen ist, das Referat über meine Nestroy-Bearbeitung zu schreiben. Darüber kursiert sogar schon der treffende Witz: ›Vom »12 Uhr Blatt« schickt der Kraus den Nürnberg in die Vorstellung.‹ Nun, soweit es mich betrifft, ist's mir gleichgültig. Aber wie kommt die ›Volksbühne‹, wie kommen die armen Schauspieler, wie kommt der Regisseur dazu, etwa unter dieser Belastung zu leiden? Wenn Sie ermessen, Herr Chefredakteur, welches Freundschaftsverbrechen Herr Nürnberg an Karl Kraus beginge, wenn er nicht unter allen Umständen behauptete, daß meine Bearbeitung ein Scheißdreck ist, dann werden Sie mir recht geben, daß die minimalste journalistische Korrektheit es ausschließt, daß der junge Mann als Referent zum ›Lumpazi‹ geht.«

»Sind Sie denn als Bearbeiter auf dem Zettel kenntlich gemacht?«

»Ja.«

»Dann werde ich Herrn Nürnberg ersuchen, das Referat an einen anderen Herrn abzugeben.«

*

Die Gefälligkeit, die man mir am 22. Mai zusagte, wurde mir am 29. Mai erwiesen. Aber in einer sehr unerwarteten, paradoxen Form. Nach der Lektüre des Referats nämlich, das am Tage nach der Erstaufführung des »Lumpazi« im »12 Uhr Blatt« erschien und das überraschenderweise mit der Chiffre »Rolf Nürnberg« unterzeichnet war, mußte ich überzeugt sein, daß Karl Kraus, weit davon entfernt, seinen Jünger die Feder führen zu lassen und dadurch etwa nicht alle ausgesprochenen und geheimen Wünsche aufs I-Tüpfelchen effektuiert zu sehen, sich persönlich dazu herbeigelassen habe, am »12 Uhr Blatt« mitzuarbeiten. Es war nicht leicht, seine Autorschaft festzustellen. Denn diese war hinter zwei Masken verschanzt. Einmal hinter der Unterschrift Rolf Nürnberg und dann hinter dem mangelhaften Gebrauch der deutschen Sprache. Wer Kraus kennt, weiß, was es bedeutet, wenn dieser Mann sich entschließen kann, schlecht deutsch zu schreiben, um unkenntlich zu bleiben. Aber das Unternehmen wurde gewagt und gewonnen. Über die genaue Art, wie sich der Geist Krausens in den Leib des jungen Nürnberg transformierte, bin ich unorientiert. (Daß eine solche Metamorphose überhaupt denkbar ist, geht unter anderem aus einem Ausspruch Krausens gegen meine Bearbeitung hervor, den ein anderes Stammtischschlieferl in einem Filmblatt offensichtlich auf Bestellung kolportiert.) Ich sehe und sah nur folgendes:

Der mit Nürnberg unterzeichnende Referent scheint in Nestroy beschlagen. Er charakterisiert dessen Sprache zwar nicht wie ein bodenständiger und mit wienerischem Ohr hörender Wiener (neues Indiz für die Autorschaft Krausens!), sondern wie ein Nachhörer, der den Wiener Dialekt Nestroys ins Geschirr der jüdischen Dialektik gespannt hat. Aber er weiß um phonetische Geheimnisse des Wienerischen, von denen ein Berliner nichts wissen kann.

Wieso ist ihm Nestroy überhaupt wichtig? Was hat Rolf Fatzke mit Wien an der Donau zu tun? Von wannen kommt dem Grammophongehör eines auf die obligaten Tonfälle des Gescheitseins und im Im-Bilde-Seins gedrillten Neu-Berliners diese Vorliebe für Alt-Wien? Woher hat der unwissende junge Mann, der mir einmal für eine groß angelegte Studie über »Die Morphologie des Jüngeltums« als Vorlage dienen sollte, so viel Kenntnis von der Nestroy-Literatur und manchem, was damit zusammenhängt? ... Nun, der Schüler konnte ja bei seinem Meister vieles gelernt haben. Sie haben ja alle die Kunst und holen sich dafür, wie ich einmal sagte, den »Krausorden am Band der Daffke-Schwerter«, daß sie ihrem Gott so gut nach dem Munde zu reden wissen und ihre Artikel gleichwie Seminarübungen an ihn abliefern, worin ausgesprochen wird, was sein still mahnendes Meisterauge ihnen auszusprechen gebietet. Aber daß der junge Mann so ohne weiteres von einer »Nestroy-Bearbeitung des Wiener Schriftstellers Leopold Liegler« weiß und sie wie ein richtiger Mundartforscher an der Universität Wien taxiert (notabene: Liegler ist der Mann, welcher über Kraus eine Monumentalbiographie von etwa 5000 bis 6000 Seiten verfaßte, mußte aber trotzdem wegen der Nestroy-Konkurrenz seinen Stups kriegen), daß er gerade das seinem Kraus ans Herz gewachsene »Parzen«-Lied als literarhistorisches Beispiel anführt, und einiges mehr läßt doch die Frage offen, ob sich Karl Kraus für den Zweck der Beschimpfung eines Mannes, der es wagte, in sein heiliges Revier und Monopol der Nestroy-Bearbeitung einzudringen, in blindem Gottvertrauen bloß des gut auf ihn eingepaukten, exzellent memorierenden Schülertums eines Jüngers bedient hat, ob er nicht vielmehr weiterging und sich mit diesem vorher oder nachher freund-innig auseinandersetzte oder ob er ihm etwa selber die Feder führte. Ich weiß, daß alles gegen die letzte Annahme spricht. Ich muß es auch rasch hier hinzufügen, weil Karl Kraus immer dort am wirksamsten und mitreißendsten die Glocken des Jüngsten Gerichts zu läuten versteht, wo man für einen Tatbestand eine so offensichtlich abstruse und bildlich gemeinte Wendung gebraucht, daß er sie wörtlich nehmen und den Schutz der Paragraphen anrufen kann. Doch für den Wahrscheinlichkeitsbeweis, den ich dann antreten müßte, habe ich eine gute Waffe: Sie besteht in der Unwahrscheinlichkeit, daß nach dem geschilderten Gespräch mit dem Chefredakteur des »12 Uhr Blatt« und der Eklatantheit aller Umstände eine Zeitung imstande sein konnte, trotzdem den Jünger des Meisters, der ein Prozeßgegner des Autors eines Stückes ist, dem Meister zu Gefallen und dem Autor zum Trotz sein objektives Referat schreiben zu lassen. Diese Unwahrscheinlichkeit ist so groß, daß im Augenblick, wo sie sich verwirklichte, darüber hinaus die Frage berechtigt ist, ob nicht der Meister selber zur Feder gegriffen hat, damit ihm der Troß-Bub die schöne Absicht nicht verstümpere.

*

Die Sache wäre noch immer, zwar nicht als Privatfall, vielleicht aber als Ausnahmsfall anzusehen. Man könnte sagen: Die Exzesse der Kraushörigkeit seien nicht anders zu bewerten als jede Demagogengefolgschaft schlechthin, und der intellektuelle Plebejer, der bis an die Zähne bewaffnet zu jeder Tat entschlossen seinem Führer das Spalier gäbe, sei im Grunde aus dem gleichen Holz geschnitzt wie der Gesinnungsplebejer jeder anderen Couleur. (»Hitlerianer des Zionismus« nannte ich den Typus einmal sehr zutreffend.) Man könnte mir nahezulegen versuchen, daß die jungen Ignoranten von der Art meines »Lumpazi«-Begutachters heute für alle Defekte des Wissens, Leibes und Charakters eben keine andere Wahl hätten, als blind ihrem Kraus nachzulaufen und sein Fackelheft als Katechismus herumzutragen. Denn hier fänden sie (wie die Kabarettgeister, von denen Heinz Grohmann in dieser Zeitschrift spricht und die es logischerweise auch mit dem Kraus halten) ihren eigenen Witz, ihren Traum von Geist in unerreichbarer Vollendung wieder; sie verwänden über den Geißelhieben, die sie da auf den Rücken der schreibenden Erfolgsmenschheit niedersausen sehen, allen privaten Schmerz; sie verstünden ihn außerdem, denn die komplizierte Dialektik, die sie bei Kraus vorfänden, sei nur die Komplizierung der ihrigen; es sei ihr schon durch den ostentativen und prononcierten Gebrauch der Schriftsprache Beschwingtheit fühlendes Verhältnis zum Deutschen. Kraus sei eben der Ethiker für die Zu-kurz-Gekommenen. Er fungiere schließlich als Bildungssparer, indem er gestatte, sich zu jedem Zeitgenossen oder Zeitbegriff ohne die Mühe und den

Umweg des geistigen Dabeiseins in die bequeme Abwehr durch Pointen und Witze zu begeben, bedeute also notwendigerweise für die Ungebildeten (berlinisch gesprochen: die Informierten) dasselbe, was für die Gebildeten Pascal, Voltaire, Swift, Huysmans ist. Und wenn es dabei verwunderlich scheine, daß dem satirischen Abgott nun nach seinen Wiener Verehrern heute einer oder der andere von den schreibenden jungen Leuten Berlins zufalle, die sich bisher mit dem Gesicht gegen Wien gekehrt, ihres sachlichen deutschen Horizonts, ihrer unwienerischen Einstellung zur Welt gerühmt haben, so beweise dies eigentlich nur, daß der Journalismus ein wienerisches Handwerk ist, daß alle Journalisten mehr oder minder Wiener sind.

Das ist alles schön und gut. Ich kann sogar so weit verständnisvoll mitgehen, auch wenn ich selber das Opfer dieses Kults bin. Daß Kraus seinerseits ohne ästhetischen Vorbehalt solche jungen Leute gern als Freunde hinnimmt, weil er sie als den Schlüssel gebrauchen kann, durch den das ewig für ihn versperrte Tor des Journalismus zu jedem Gefälligkeitsakt aufspringt, ist jedenfalls begreiflich. Schließlich aber ist eine Zeitung doch ein öffentliches Unternehmen. Was heute mir passiert, kann morgen dir geschehen, übermorgen einem anderen. Wie kommt, frage ich, irgendein Schauspieler, eine Filmdarstellerin, ein Literat dazu, daß er sich eines Tages beschimpft und beschmiert sieht, bloß weil der alte Nürnberg Geld hat und infolgedessen der junge eine Ansicht? Mir kann's gleichgültig sein und dem Nestroy auch. Für die »Volksbühne« ist es schon etwas unangenehmer. (Aber sie war ja nach ihrem Prozeß mit Kraus auf die Stellungnahme des jungen Mannes gefaßt.) Es könnte jedoch der Fall eintreten, daß der Dauphin des »12 Uhr Blatt«, dem heute die Sport- und Kunstrubrik zur Verfügung steht, eines Tages auf den volkswirtschaftlichen Teil losgelassen wird. Dann kommen nach dem Gesetz des Kreislaufs, und da ja alles Sinnen und Trachten einschließlich der Kraus-Verehrung dieser jungen Menschen, psycho-analytisch genommen, ein »Vatermord« ist, die alten Nürnberge Berlins vors Blutgericht des jungen.

Neue Revue,
Ende Juni/Juli 1931, S. 216–221 (Anton Kuh)

Berlin ohne Geld

»Was ist in Berlin los? Wie sieht die Stadt aus? Was sagen die Leute?«

Der also Bestürmte kann nicht umhin, in gesetzter Rede zu erwidern:

Berlin war nie interessanter, als es jetzt ist. Von Chaos und Panik ist nichts zu spüren. Dagegen scheint fast – wenn man aus Blick und Rede der Leute folgern will – ein heiterer Fatalismus bemerkbar, eine Stimmung angeregten geselligen Gleichmuts wie von Menschen, die in einem Dorfwirtshaus eingeregnet sitzen und sich sagen: einmal muß es aufhören!

Woher kommt das? Ist es eine Erscheinung jenes Heroismus, der die Weltstädter fast immer vor den Provinzialen auszeichnet?

Nein, es ist etwas durchaus Berlinisches, nur hier denkbar. Ich habe dieselbe Stimmung zur Zeit des Kapp-Putsches erlebt und immer dann, wenn es der Stadt am schlechtesten ging. In solchen Zeiten ist es, als ob sich alles, was gegen Berlin gesagt werden kann, alles Angreifbare und zu Verdammende plötzlich in eine Tugend und einen Vorteil der Stadt verwandle oder, um mit Demosthenes zu reden: als ob eben das, was »in der Vergangenheit das Schlechteste war, für die Zukunft das Beste« wäre. Walther Rode hat kürzlich in einem prachtvoll ungerechten und richtigen Aufsatz dieses Schlechte dahin umschrieben: Berlin sei ohne Realität, es sei eine Vereinbarung (was übrigens auch schon Heine so formulierte), kein Stück der Natur und in jedem Fall weniger Stadt als Ausstellung. Ja, das ist wahr, kein Ort der Welt ist in seinen Lebensdimensionen künstlicher hochgetrieben, nirgends ist das Leben so nah am Abgrund der Unwirklichkeit; und man möchte dieses Nebeneinander von glanzvoller Vegetation des Daseins und absolutem, manchmal morastigem Nichts, wenn man etwa auf dem Dachgarten des Hotel »Eden« sitzt und daran denkt, wie es hier vor zehn Jahren zuging (und, wer weiß, wie bald wieder zugehen kann), in die Formel eines neuen Kabarett-Refrains fassen: »Neben dem Eden liegt der Landwehrkanal! ...«

Doch das Bewußtsein dieser Tatsache kommt den Berlinern in schlimmen Zeiten dann zugute. Vielleicht haben sie daraus sogar ihr berühmtes Vokabel »sich umstellen«. (Es gehört mittlerweile dem deutschen Sprachgut an.) Sich umstellen – das treffen sie wie kein anderes Volk! Sie erstaunen über nichts, weinen keiner Kulisse, keiner Leuchtfassade, die vor ihren Augen in Trümmer geht, eine Träne nach. Das ist ihr unvergleichlicher Heroismus, ihre Ueberlegenheit gegenüber allen, die mit Herzfasern an einer wirklichen, langsam gewordenen Welt hängen; und in solchen Momenten, dem Nichts ins Aug' schauend, von Schutt umgeben, triumphiert am frechsten ihr Witz. Es ist ihnen dann wahrscheinlich zumute, als ob die unterirdische, mit jedem Schritt spürbare Wirklichkeit vulkanisch aufgebrochen wäre, als ob lang Erwartetes sich erfülle – man möchte sagen: als ob ihnen der Stein einer Fiktion vom Herzen fiele. Die Bestürztheit weicht sofort dem Gefühl einer Entlastetheit.

Dieses fast hörbare »Na also!« der Erleichterung hat diesmal freilich einen besonderen, zeitgeschichtlichen

Sinn: der Mensch zieht die Geklärtheit auf dem Niveau des Elends der Unsicherheit auf dem Boden der Ueppigkeit vor; oder in einem berlinischen Satz ausgedrückt, den ich kürzlich hörte: »Ick esse lieber Schuhsohlen – aber det sicher! – als Hammelragout, wenn ich nicht weiß, was morgen ist.« Die Berliner haben in der letzten Zeit zwar nicht viel Hammelragout zu essen gehabt, aber sie spürten die Unnatürlichkeit, das beklemmend Ungelöste der Zeitwirtschaft mit jedem Bissen. Nun haben sie nichts – aber sicher.

»Nichts haben« hat allerdings zwei Lesarten; es heißt nichts zu essen haben oder bloß: kein Geld haben. Den einen wird es schwerfallen, ein gefaßtes schicksalsergebenes Gesicht aufzusetzen. Aber die anderen, die Konto-Inhaber a. D., die Wohlsituierten von gestern – scheint es nicht, als ob sie auf einmal friedlicher und entspannter zu Fuß gehen, als sie weiland im Cadillac fuhren? Sitzen sie nicht vergnügter in ihren Lokalen? Und ist es nicht, als ob ihnen der Trost, für eine Weile unverantwortlich sein zu dürfen, den anderen nichts zahlen zu müssen, über die Mißlichkeit ginge, daß sie selber nichts haben? ... In einem Stück Frank Wedekinds begibt sich der Held freiwillig in ein Irrenhaus, voll froher Genugtuung, daß er sich als Willensausüber fortan nichts angehe. Treiben die Bankerotteure dieses Sommers nicht fast mit derselben heiteren Gleichgültigkeit in den Wellen der Pleite? ...

Ein Hotelober, der den Vorzug genoß, den reichen Stinnes zu bedienen, knüpfte dieser Tage mit mir ein philosophisches Gespräch an: über die Natur der Besitzenden, gesehen aus der Kellner-Perspektive. »Wissen Sie«, sagte er, »die Kapitalisten müssen zugrunde gehen, weil sie sich in ihrer Arbeit, mit Respekt zu sagen, nicht einmal Zeit zum ... (folgte ein Wort von erquickender Kühnheit) lassen« ... Und dann, als ich lächelte: »Nee – det will ich noch nich mal bildlich jesacht haben – Sehn Sie: Stinnes. Der Mann hat mir oft leid getan. Ick hab's ihm anjesehen, daß er raus muß. Aber da ist der eine Direktor zu ihm gekommen, dann der andere ... wie der weg war, springt er auf, um endlich mal rauszugehen ... da heißt's: Herr Stinnes, Amsterdam ruft! – – und so ist der arme Mann zugrund gegangen, pekuniär und physisch ...«

Die Bürger von Berlin haben für ein paar Tage wieder Zeit zum ... Vielleicht ist das der Grund, daß Berlin viel ruhiger und froher aussieht, als der Zeitungsleser des Auslands glauben möchte.

Prager Tagblatt, 56. Jg., Nr. 167,
19. Juli 1931, S. 3 (Anton)

Die Schwalben von Wien

Diese Geschichte, die von New York bis Hongkong die ganze lebende Menschheit entzückt, wird einmal als Fußnote einer Chronik vom »sterbenden Europa« noch künftige Geschlechter erfreuen. Was war das für ein merkwürdiges Zeitalter? wird der Geschichtsschreiber staunend fragen. Man ließ Menschen verhungern; man rannte mit dem politischen Taschenmesser gegeneinander los; man füllte die Kerker mit Andersgesinnten; man sprengte Eisenbahnbrücken in die Luft; man mordete Unschuldige; und daneben ließen es sich dieselben hungernden, verzweifelten Menschen nicht verdrießen, viele Tausende Schwalben behutsam in Körbe und Käfige zu verpacken, um ihnen die verspätete Reise in den Süden leicht und möglich zu machen.

*

Am Anfang dieses Heldenepos vom guten Herzen steht bekanntlich die Postmeisterin von Rannersdorf bei Wien. Ins Fenster ihrer Stube flüchteten eines Tages ein paar hundert Schwalben, verhungert, matt, flügellahm. Der Kreatur, die sich zum Menschen und in die Menschenbehausung flüchtet, muß es schon sehr schlecht gehen. Sie zieht in der Regel jedes noch so grausame Los der bloßen Berührung durch Menschenhand vor – so wie ja auch wir uns lange bedenken, ehe wir zum Leoparden im Käfig unsere Zuflucht nehmen. Und gerade die Schwalben haben mit dem Menschengeschlecht nicht die besten Erfahrungen gemacht. Wenn sie bei ihrem Herbstzug reisemüd, zu Tod erschöpft, in den Ländern des Mittelmeeres Halt machen, sind Fallen und Netze aufgestellt, die den Singvogel seiner unverhofften Bestimmung als Eßvogel zuführen – der gefiederte Sänger taucht auf den Tellern der Italiener, Griechen, Spanier, Sarden braungebrannt und unkenntlich, als »ucelli con polenta« wieder auf. (Ich selber, heilloser Schurke, habe mich in diesem Sommer an diesem Gericht delektiert – man hat mir versichert, daß es Wachteln und Krammetsvögel und keineswegs Schwalben seien, die da als kleingehackte Masse im gelben Polenta-Oel schwimmen, doch das Leben ist unser Erzieher – ich werde nie mehr ucelli essen.) Man mag sich daraus vorstellen, was in den Schwalben von Rannersdorf vorgegangen war, wie unlösbar die soziale Frage vor ihrem Auge stand, wenn sie sich dazu entschließen konnten, die Frau Postmeister mit ihrem Besuch zu beehren. Aber sie hatten Glück. Rannersdorf liegt bei Wien, und Wien ist trotz der vielen scheußlichen Filme, die das gleiche behaupten, noch immer die Stadt des goldenen Herzens. Die Frau Postmeister wandte sich an den Tierschutzverein; dieser wandte sich teils an das Verkehrsbureau, teils an die Oeffentlichkeit: an jenes mit dem Ersuchen, Flugzeuge und Eisenbahnwaggons zum Abtransport der Schwalben, die infolge des unwirtlichen verfrühten Herbstes den Normalfahrplan der Lüfte versäumt hatten und nun nicht mehr imstande seien, ohne menschliche Unterstützung nach dem Süden zu reisen, zur Verfügung zu stellen; an diese mit der Bitte, in Körben, Käfigen und sonstigen schützenden Gehäusen soviel Schwalben als möglich zur Stelle zu schaffen, um nach Tunlichkeit alle zu spät gekommenen Schwalben Oesterreichs nach der wärmeren Zone befördern zu können. Der zweifache Wunsch wird erhört. Chauffeure, die der Weg aus der Provinz nach Wien führt, Schulkinder, die nichts anderes zu tun haben, alte Versorgungshausweiber, Bundesbeamte im Ruhestand, kurz, der österreichische Mensch aller Farben und Grade beteiligt sich an der Schwalbenrettung. Sie kommen noch in letzter Stunde atemlos mit ihrem warm verpackten Vogelhaus aufs Flugfeld gelaufen, um ihre zehn, zwanzig, fünfzig Exemplare einzuliefern. Das Flugzeug wird der Schwalben wegen warm geheizt; die Tiere werden in auswattieren Kisten und Verschlägen untergebracht und bekommen Mehlwürmer als Nahrung. Dann setzt sich der riesige Maschinenvogel in Bewegung, um die vielen Tausenden seiner kleinen Naturkollegen über Land zu bringen. Gibt es eine schönere Bestimmung der Luftschiffahrt? Und ist der Erfindungsgeist des Menschen, der bei den Aeroplanen zuerst an den Krieg und wahrscheinlich nie an die Schwalben dachte, durch diese neuesten Flugzeugpassagiere nicht gerechtfertigt? ... Gleichzeitig mit den Flugzeugen nehmen Eilzüge ein paar tausend Schwalben nach Venedig mit; auch deren Verpackung und Einwaggonierung erfolgt mit humanster Vorsorglichkeit. (Sie kostet den Tierschutzverein, was im Oesterreich des Beamtenabbaus, der Verbetteltheit und Budgetschmälerung immerhin einiges besagen will, ein paar tausend Schillinge.) Nur eines an den Vorarbeiten zu dem edlen Werk berührt komisch: die Grenzstellen Italiens und Jugoslawiens müssen von den österreichischen Behörden erst offiziell ersucht werden, den ungewöhnlichen Transport durchzulassen, ihm keine schikanösen Amtshindernisse zu bereiten. Nun ja, selbstverständlich. Man stelle sich bloß das Gesicht des Zoll- und Paßvisitierers vor, der eine Kiste öffnet und darin plötzlich Schwalben flattern sieht. Dieser Artikel steht nicht in den Bestimmungen. Gerade deshalb heißt es, sein Auge offen zu haben – wer weiß, ob es sich da nicht um eine artige Ge-setzumgehung handelt, ob die Schwalben nicht als Nahrung, Hutschmuck, Schießstoff oder sonstiger Zoll-Belang anzusprechen sind.

100.000 Schwalben sind auf diese Art in zwei Tagen nach Venedig befördert worden; dort (vielmehr auf dem Lido) hat man die Kisten und Käfige geöffnet – munter und danklos entflog die Brut, nur ein paar bejahrtere Schwalben, die sich auf ihre alten Tage an die neue Art des Reisens nicht mehr gewöhnen konnten, sanken siech oder tot hin. Um die Waggons oder Flugzeuge aber standen – wie an den Grenzstationen – Kommissare aufgestellt, der Mensch muß eben Amtsorgan sein, auch wenn sein Herz die Amtlichkeit verleugnet. Nun, das war ja nur noch eine Formsache; und wenn nicht am Ende die Tauben von San Marco, diese überfressensten Bourgeois und Schmarotzer der Vogelwelt, jetzt nicht aus Futterneid noch im letzten Moment über ihre proletarischen Kollegen aus Wien herfallen, dann hat das goldene Herz der Donaustadt sein Werk richtig vollbracht.

*

Es ist eine entzückende, herzwärmende, zu Tränen rührende Geschichte, beträchtlich schöner als alles, was Ufa, Paramount, Warner Brothers über die Materie »Wien« bisher erfanden. Die Zeitungen des Erdballs sind davon voll. »New York Herald« wirft bereits die Frage auf, ob man einem solchen Volk nicht großzügiger und im weiteren Maße helfen sollte. Und hier liegt am Ende der ungewollte Lohn des guten Werks. Den Wiener Schwalbentransporteuren gelingt vielleicht, wiedergutzumachen, was die Zollunion verdarb – die Schulkinder und alten Weiblein schmelzen das Weltherz um, das Buresch und Schober nicht zu rühren vermochten.

Von jeder Seite angeschaut, ist dieses Schwalbenmärchen neu. Mir etwa fiel, als ich von der sonderbaren lebenden Fracht eines – fast möchte ich sagen: k. k. – österreichischen Verkehrsflugzeugs las, ein Münchener Abend ein, den ich einmal in Gesellschaft des Zeichners und Menschenfeindes Th. Th. Heine verbrachte. Am nächsten Tag sollte der Dichter Ringelnatz per Flugzeug nach London reisen. Man gab ihm manchen guten Rat. Da meinte plötzlich Heine: »Ja, der Aeroplan ist ein Sieg des Menschengeists über die Tierwelt. Ich möchte einmal einen Adler in ein Flugzeug mitnehmen, ihm beide Füße zubinden und ihn dann aus 3000 Meter Höhe herunterfallen lassen – was ist dann der Adler gegen mich??« Auch die Wiener, die die Schwalben aufs Flugzeug setzten, hätten jetzt Grund, so zu fragen: Was sind die Schwalben gegen uns? Aber der Sieg der Technik über die Kreatur geschah hier unverhofft im umgekehrten Sinne – eben weil es das Herz und nicht die Hybris war, die sie in die Lüfte trug, die Technik parierte bloß der Menschengüte. Ein seltener, heiliger Ausnahmsfall. Herkömmlicher und weniger neu ist die Sache freilich vom Standpunkt der Schwalben. Es waren österreichische, Wiener Schwalben, die durch ihr Versäumen der milderen

Spätsommerlüfte, durch ihr Zuspätkommen die Menschen zum Hilfswerk nötigten – die deutschen und bayrischen Schwalben sind, wie man erfährt, bereits viel früher und zu günstigerer Zeit in ihre Winterheimat abgeflogen. Daß so etwas Wiener Geschöpfen passieren kann, ist eine alte Geschichte, die Wiener sind Berufs-Zuspätkommer, ihr Fahrplan heißt Schlamperei. Eigenartig bleibt bloß, daß sie die Kraft dieser Volkseigenschaft sogar bis in die Lüfte ausstrahlen konnten, so daß auch die Vogelwelt rings um den Kahlenberg in ihren Bräuchen bereits wienerisch orientiert ist. Die Wiener Schwalbe hat jedenfalls vom Wiener Menschen gelernt, sie ist durch ihn in ihrer fahrplanmäßigen Pünktlichkeit verdorben worden. Ein einfaches Gebot der Gerechtigkeit zwang dem Wiener also den Revanchedienst auf. Vielleicht hofft er auch im stillen, sich damit den Winter über bei den höheren Mächten ein gutes Blatt einzulegen, so daß der Refrain des alten Wiener Volkslieds Wahrheit wird:

Wann die Schwalben wieder kommen –
die werd'n schauen ...

Prager Tagblatt, 56. Jg., Nr. 228,
1. Oktober 1931, S. 3–4 (Anton Kuh)

Meine Herren, jetzt können wir schlafen gehn!

»In dieser schweren Zeit des Vaterlandes wäre es ein nationales Erfordernis, daß sich eine Regierung aller verantwortungsbereiten Parteien zusammenfindet. Ich würde bereit sein, in einer solchen Regierung den kleinsten und niedrigsten Posten anzunehmen. Leider Gottes ist die Bildung einer solchen Regierung in Deutschland ausgeschlossen. In der schicksalsschwersten Zeit unseres Volkes sind unsere Parteien nicht zur Zusammenarbeit bereit, sondern sie richten wieder Fronten gegeneinander auf, statt sich zusammenzufinden in der simplen und einfachen Pflichterfüllung für das ganze Deutschland.«

Reichskanzler Brüning in seiner großen Reichstagsrede laut »Münchner Neueste Nachrichten« vom 14. Oktober.

In dem kleinen Österreich ist kürzlich ein Wunder geschehen. Ein Wunder des Parlamentarismus, der politischen Eintracht, der Liebe zum Staat.

Was hatte sich ereignet? ... Man stand vor dem völligen Bankerott, vor der Auflösung der Staatsordnung. Aus Genf kam unter der Bedingung Hilfe, daß man die Ausgaben künftig auf ein Minimum herabsetze, sich den härtesten Einschränkungen unterwerfe. Das Budget mußte zu diesem Zweck um ein Fünftel gekürzt werden. Es schien in diesem Augenblick, da alles eine Erleichterung der Lebensverhältnisse herbeisehnt, ein unmögliches Verlangen.

Tagelang berieten die drei großen Parteien: Christlichsoziale, Sozialdemokraten, Großdeutsche, über das

Was und Wie. (Bloß die Heimwehrleute, die etwa ein Zwanzigstel der österreichischen Bevölkerung vertreten, blieben ferne.) Buresch, der bäuerlich-kluge Kanzler, ließ nicht locker: Meine Herren, wir können das Zimmer nicht verlassen, eh' wir zu einer Einigung gelangt sind. Es gab ein hitziges, drangvolles Für und Wider um Punkte und Belange – denn neben der Partei-Hartnäckigkeit galt hier noch die Verantwortung vor den Wählern. Endlich, nach Tagen und Nächten, war man so weit. Jede der drei Parteien trug ihr Scherflein in Nachgiebigkeit zum Ganzen bei, jede mit dem Risiko, aus dem eigenen Haus und von den eigenen Leuten Schlimmes hören zu müssen. Die Großdeutschen sagten: wir stimmen der Kürzung der Beamtengehälter widerstrebend bei – aber wir tun es, wenn auch die kleinsten Lohnnehmer, die Angestellten auf dem tiefsten Erwerbsgrad mitverkürzt werden. Wir stimmen auch einer Stellensperre für Beamte zu, wenn wir wissen, daß sie alle Klassen gleichmäßig betrifft. Die Christlichsozialen sagten: wir verpflichten uns unter dieser Bedingung, im Kulturkampf abzurüsten, und stimmen der Verlängerung der Arbeitslosenunterstützung auf ein weiteres Jahr zu. Die Sozialdemokraten endlich machten die Konzession: wir lassen auch die Löhne der schlechtest Besoldeten, der Weichenwärter, Briefträger, Hilfsarbeiter, um 6 Prozent kürzen, wenn die Last auf gemeinsamen Schultern getragen wird.

Es wurde 4 Uhr früh. Man schritt an die Abstimmung – Österreich war wieder (für ein Jahr? für länger?) gerettet. Da sprach der zu Tod ermüdete, in zehn Sitzungen abgekämpfte Kanzler, sich den Schweiß von der Stirne trocknend, das schöne tiefsinnige Gute-Nacht-Wort: »Meine Herren – jetzt können wir schlafen gehen!«

Man fragt sich, wie das möglich wurde. In der ganzen Welt wird dem Parlamentarismus die Sterbeglocke geläutet. Der Machtkampf der Parteien geht bis zur Zerfleischung. Niemand will sich von seinen Forderungen und Ansprüchen das Geringste abhandeln lassen. Da gibt das kleine, verloren geglaubte Österreich das Beispiel: Es geht doch!

Ging es plötzlich, weil die Uhr hier schon eine Minute vor zwölf zeigte? Fanden sich die Parteien einträchtig zusammen, weil sie keinen besseren Ausweg sahen? Oder beweist es nur (wie oft hochmütig auf den Österreicher gesagt wurde), daß in der Heimat des Backhendels und der Gemütlichkeit männliche Konsequenz und Gesinnung nicht so viel zählte als das Gesetz des »Fortwurstelns«? ...

Nein, Ihr braucht Euch jenen Abstimmungsvorgang aus dem Politischen bloß ins Menschliche zu übertragen, und Ihr erkennt, daß er durch anderes herbeigeführt wurde. Die Bundesräte saßen um den Tisch wie Mitglieder einer Familie, die einander an den Werkeltagen oft in den Haaren liegen, sich aber jetzt mit den sorgenvollen, friedensgeneigten Augen von Menschen ansehen, die zu der österreichischen Schlußfolgerung gelangt sind: Es muaß was g'schehn! ... Sie fühlten sich in diesem Moment nicht als Parteimitglieder und Gesinnungsträger, sondern als Bewohner derselben Stube, desselben Hauses. Wie kann die Stube vor dem Verfall geschützt, das Haus vor dem Einsturz gerettet werden? ... Leben wollen wir ja alle. Und das Chaos, das wir gegen ein noch so armes und kärgliches, aber windgeschütztes Leben eintauschen müßten, wenn wir jetzt nein sagen, hätte ja nur dann einen Sinn, wenn es aus neuen Lebensideen geboren würde oder neue Lebensideen heranbrächte. Der Österreicher ist skeptisch, er glaubt an diese neuen Ideen nicht, weil er den Menschen und seine Unwandelbarkeit zu gut kennt. Vielleicht ist diese Tugend auch seine Sünde, für die er einmal büßen muß. Aber es war dann doch eine aristokratische, eine menschliche Sünde! Er will den Bestand der Dinge, des Staates, der Ordnung, nicht aus einem kleinlichen Käsebehagen, aus der Lust an der sicheren Täglichkeit, sondern aus seiner Liebe zum Dasein. Lebensfreude ist Humanität – der Satz wird leider zu selten verstanden! Worin besteht im Grund das Geheimnis der vielgepriesenen österreichischen Kultur, des österreichischen Menschentypus? In nichts anderem, als daß dieses Volk die Gabe hat, mit den Werten des Lebens innerlich etwas anfangen zu können. Ein kleines Glas Bier auf dem Tisch, ein rotbrauner Herbstbaum, den man still betrachten darf, ein wolkenzerfetztes blaues Stück Himmel darüber, das ist dem Österreicher die Welt, eine Welt der Demut und Freude. Sie schmeckt ihm noch immer, diese Welt, wie zu Raimunds Zeiten. Und es ist seltsam und logisch: je mehr man mit dieser Welt anzufangen weiß, desto bescheidener ist man in ihr, desto weniger Ansprüche stellt man an die gauklerischen Ersatzwerte von Geltung und Macht. »Wie geht's denn in Wien?« fragte dieser Tage ein Norddeutscher einen Mann, der nach Berlin gereist kam. »Noch schlechter«, erwiderte dieser, »aber wir spüren es weniger.« Er hätte auch sagen können: wir wollen es nicht spüren – wir machen aus der Lebenssorge kein Abzeichen und keine chauvinistische Hahnenfeder, die wir uns stolz an den Hut heften! ...

Man versteht, warum die drei Parteien im Wiener Beratungszimmer zu einer Einigung kamen. Die zwanzig bis dreißig Delegierten, die hier zu beraten hatten, waren ebenso viele Österreicher. Sie dachten an den Herbstbaum, das Glas Bier, den blauen Himmel und verstanden sich. Sie retteten den Staat, weil sie das Dasein noch für rettungswürdig fanden. Mißtrauische mögen diese Eigenschaft als Sumpergeist bezeichnen. Er ist in Wahrheit der Geist der Humanität.

*

Warum, wäre jetzt zu fragen, kann uns das kleine Österreich nicht als Beispiel dienen? Warum sollte hier nicht möglich sein, was sich dort ereignet hat? Warum sind hier feindliche Parteien undenkbar, die sich in der Stunde der Not, jede für sich, einen Teil ihrer Ideologie, ihres Programms abhandeln lassen, und warum ein Kanzler, der das erlösende Wort sprechen durfte: Jetzt können wir schlafen gehn!?

Weil ... weil ihnen das Abzeichen und die Hahnenfeder mehr gilt. Weil ihnen Macht vor Freude geht, das Parteiwort vor das Glas Bier und das Stück Himmelblau.

Ein aktuelles Beispiel erwünscht? ...

In Harzburg versammelten sich dieser Tage bekanntlich die Nationalverbände, um über ihre Gemeinschaftsfront, über einträchtige Beschlüsse zu beraten. Als aber der Abmarsch vonstatten ging, entspann sich ein Streit darüber, wer den Vortritt haben sollte: die Stahlhelmformationen oder die Nationalsozialisten. Dieser Rangstreit übertönte die Eintracht – sie waren getrennt, bevor sie sich über das Trennende verstanden.

Nein, es ist leider nicht zu hoffen, daß wir in naher Zukunft den Ruf hören: Meine Herren, jetzt können wir schlafen gehn! ...

Süddeutsche Sonntagspost, Jg. 5, Nr. 42,
18. Oktober 1931, S. 2 (A. K.)

Legende vom süssen Mädel

Kleine Schnitzler-Reminiszenz

Das ist das süsse Mädel,
das just so akkurat,
In seiner besten Laune
Der Herrgott g'schaffen hat ...

So rauschten und knauschten vor dreissig Jahren alle Werkel in den alten Wiener Häuserhöfen. Der Herrgott aber, der das viel besungene Geschöpf kurz zuvor in seiner besten Laune geschaffen hatte, war ein Dichter, er hiess Arthur Schnitzler.

War es denn also kein Gewächs der Wirklichkeit, sondern eine Blume aus dem Garten der dichterischen Phantasie? Hatte es vor dem Dichter ein süsses Mädel gar nicht gegeben? O ja, aber es blühte damals nur in wenigen Exemplaren. Durch ihn erst kam es in Mode, löste das Donauweiberl im Rang der Wiener Schutzpatronin ab, wurde die Muse der korsoschlenkernden, hüftenweichen Wiener Männlichkeit.

Süsses Mädel – – wer das Wort musiklos, ohne Operettenbeiklang hören kann, hört ihm sogleich auf den Grund. Eine Distanz zur bezeichneten Mädchengattung klingt daraus, eine soziale Ueberlegenheit, die sich als erotische Feinschmeckerei gebärdet, eine Verschwärmtheit, die ihren Gegenstand wie ein putziges Spielzeug streichelt. Und dieser Ton enthüllt die Wirklichkeit: das süsse Mädel war, um es in der Sprache eines anderen Wiener Dichters zu sagen, der hundert Jahre früher lebte, das »Mädel aus der Vorstadt«. Ein armes, holdselig-vergnügtes Kind, das die innere Stadt, die Welt der Gutangezogenen und Besitzenden, nur als Ort der Arbeit kannte, wo es als Hutmacherin, als Ladenmädel, als Friseuse oder Lehrfräulein im Dienst war. Da fielen gegen Ende der siebziger Jahre die Glacis, die Linienwälle, welche Vorstadt und innere Stadt voneinander schieden. Diese geographische Vermischung der Stände fiel, gewiss nicht zufällig, mit einer neuen Mode der Gefühle zusammen: die Echtheit, der Naturton der unteren Schichten war plötzlich beliebt. Die jungen Bürgersprossen, die die Sprache und die lässige Weichheit der Aristokraten nachäfften, die Nichtstuer und Kärntner-Strassen-Flaneure, die ihre fexenhaften Schmerzen bespielten, von Orchideenduft, schwarzen Schwänen und kristallenen Schalen träumten, kurz alle die wienerischen Lord Byrons mit Fabriksanteilen und einem väterlichen Konto, begannen jetzt mit dem dritten Stand zu kokettieren, sie kamen sich teils weiss Gott wie revolutionär, teils wie grosse Herren vor, wenn ihre Freundin Mizzi hiess, aus Hernals oder Liebhartstal war und die harbe Sprache der »enteren Gründ« sprach.

So spielten sie einerseits die widerspenstigen Söhne, die Entdecker des Realismus und auf der anderen Seite, frei nach den alten, beliebten Fortsetzungsromanen aus dem »Extrablatt«, den Kaiser Joseph, dessen geliebtes Försterchristl nicht weiss, wen es vor sich hat. Es war im Grund, wenn man alle Poesie davon abzieht, ein schäbiger, lyrisch ausstaffierter Handel. Denn diese jungen Herren, die sich für ihr Taschengeld parfümierte Freuden der

Urwüchsigkeit kauften, waren weit davon entfernt, im süssen Mädel die Vorbotin und den Nachwuchs einer neuen, vorwärtsdrängenden Klasse zu erblicken, sie verpflanzten es als gefällige Zimmerblume auf ihre Buden, kamen sich unaussprechlich volks- und wirklichkeitsnah vor und ahnten nicht, wie sich eine neue soziale Wirklichkeit da für sie und vor ihnen entwürdigte.

Freilich, auch das süsse Mädel wird nicht viel davon gewusst und verspürt haben. Denn die Wienerin überhaupt hat ja (wie der Wiener) im Vergleich zu der übrigen Umwelt wenig Selbständigkeitsbedürfnis und Stolz, sie wartet im Grund heute noch in ihren stillen Träumen auf den Kaiser Joseph, der inkognito bei ihr eintritt und sie auf sein Schloss führt. Aber sie war nie missbrauchter als in der »Anatol«-Zeit, wo sie die Junggesellenstuben des sterbenden Wiener Bürgertums mit dem Duft ihrer Volkstümlichkeit durchwärmte.

Das süsse Mädel von anno dazumal wär' ein herzinniges, liebes, himmlisches Geschöpf gewesen – müsste man sich als ihren Partner nicht immer das süsse Buberl vorstellen: den vertändelten Industrie- und Bankjunior, der, unsachlicher, wirklichkeitsferner als der Vater, vor dreissig Jahren den Puppenspieler und Sterbeknaben spielte und infolgedessen heute wegen fahrlässiger Krida eingesperrt ist.

Berliner Tageblatt, 60. Jg., Nr. 510,
29. Oktober 1931, MA [S. 3] (Anton Kuh)

[Berlin]

Am traurigsten sind die Orte, wo die Geister nichts trennt, weil sie nichts verbindet.

Leitspruch der Betriebsamkeit:
Erst die Untergrund – dann der Grund!

Die Weltstadt ist ein Gefüge von Telephonnummern wie die Welt eins aus Worten.

In den geistigen Küchen Berlins wird für das Wissen ein Ersatzstoff verwendet: die Informiertheit.

Aus: Anton Kuh: Physiognomik.
München o. J. [1931], S. 122–123

Unsterbliches Kaffeehaus

Was gibt es Neues in – Wien?

Fünf Männer nehmen am Kaffeehaustisch Platz.

»Eine Melange mehr licht!« sagt der erste, frei nach Goethe, zum Ober.

Der zweite: »Einen Kapuziner!«

Der dritte: »Eine Schale Gold ohne!« (Ergänze: Haut.)

Der vierte: »Einen Nuß mit!«

Und der fünfte: »Ein' Kaffee verkehrt!«

Der Kellner gibt die Aufträge dröhnend durchs Küchenfenster weiter: »Fünf Lauf!« (Summarische Bezeichnung für Milchkaffee.)

Diese Geschichte enthält, so alt sie ist, das ganze Wesen des Wiener Kaffeehauses, von Kolschitzkys, des ersten Kaffeehausgründers, Tagen bis zur Gegenwart. Aus ihren Spezialbezeichnungen steigt das trauliche, aus Tabakqualm und Mokka gemengte Aroma auf, mit dem die Einrichtung dieser Gaststätten – weißgoldener Stuck, rote Plüschbänke, Spiegel im Goldrahmen, bekritzelte Marmorplatten und geflickte Billardtücher – förmlich gebeizt scheint. Sie zeigt ferner die empfindlich abgestuften Ansprüche des Gastes, der sein Leibgetränk am liebsten auf einer Palette vorgemischt sehen möchte. Sie enthüllt aber vor allem den eigenartigen, stillschweigenden Vertrag, der zwischen ihm, das heißt: seiner launischen Verwöhntheit und dem Lokal (verkörpert durch den Kellner) obwaltet. Er ahnt irgendwie, daß er nach einer Einheitsregel bedient wird; er will bloß die schöne Vorstellung haben, als ob seine Individualität hier restlose und diensteifrige Beachtung fände.

Und darin liegt der Inbegriff des Wiener Kaffeehauses: Bedienung der Individualität in einem Gemeinschaftsraum. Der Wiener genießt hierdurch zwei Seelenwünsche auf einmal: Seine Sehnsucht nach Geselligkeit und seine Liebe zur Privatheit. Es läßt sich leicht denken, daß der Krieg und seine Folgen solchen Trieben nicht hold war; das Individuum wurde damals nach allen Regeln der Kunst abgebaut. Eine schmerzliche Zeit für den Wiener Stammgast: er mußte sehen, wie aus Kaffeehäusern Wohlfahrtsämter wurden; wie man an der einstigen Stätte des Plausches und der Nachmittagspartie Sockenhalter, Konserven, Stearinkerzen, gedörrte Pflaumen nach Marken austeilte; und er sah sogar das *»Europe«* vom Stefansplatz verschwinden, jenes denkwürdige Kaffeehaus, das fast von sich sagen konnte, daß es den Fremden auf der Suche nach dem Stefansdom als geographischer Stützpunkt diene. An die Stelle dieses Cafés, durch dessen Drehtüre sich der Tag zur Nacht und die Nacht zum Morgen drehte, trat eine *Bankfiliale.* Wo bisher Peter Altenberg, der Diogenes des Wiener Kaffeehauses, seine Nachtpredigten gehalten hatte, saß jetzt ein Saldokontist und buchte Aktienziffern.

Es erging damals und später vielen Kaffeehäusern so: *Die Gastlichkeit wich der Wirtschaft, die Geselligkeit dem Gelde.* Aber es war echte Gastlichkeit gewesen, die zuerst hier heimisch war, und falsches Geld, das hernach seinen Platz einnahm. So könnte man denn die Geschichte Wiens erschöpfend an der Hand seiner Kaffeehäuser schreiben: Wie im Urbeginn, zur Zeit der Türkenbelagerung, k. u. k. Amtsräume ihre Pforten schlossen, um der Herrschaft des Mokka und der langen Pfeifen zu weichen; wie dann für mehr als zwei glückliche Jahrhunderte das goldene Zeitalter des Kaffeehauses anbrach, sogar über die Franzosenbesatzung von 1809 hinweg, während derer das »Silberne Kaffeehaus«, Grillparzers, Schuberts, Schwinds und Bauernfelds nachmaliges Stammlokal, so gemütlich und gut besucht war wie eh und je; wie im Krieg und während der Inflation das erste Erdbeben kam und sich eine Menge uralter Kaffeehäuser in Bankkontore verwandelten; wie sie sich nach dem großen Krach und im Zeichen der Deflation allmählich wieder in Kaffeehäuser zurückverwandelten. Doch was sagt Nestroy von solchen zweiten Teilen und Fortsetzungen? ... »Es ist nimmer das Richtige.« Kaum die neue Blüte erhoffend, sah sich das Wiener Kaffeehaus jetzt – und damit beginnt seine jüngste Leidensstation – einer weit ärgeren Bedrohung gegenüber: *der Armut.* Man darf nicht vergessen, daß diese Paradiese der persönlichen Freizügigkeit auf dem festesten Grund gebaut waren – der *Billigkeit.* Wenn die irdische Seligkeit bloß ein Butterbrot kostet, ist der blühende Geschäftsgang kein Wunder. Nunmehr aber ergriff die Leute der Eigensinn, daß sie zuerst ans Essen dachten und erst hernach an den Kaffee. Die eben wieder eröffneten Cafés erlebten eine neue Häutung: sie verwandelten sich in *Automatenbüfetts.* Statt eines Kapuziner mit Haut beim Klang aufeinanderstoßender Billardkugeln das belegte Brötchen mit Parsifal ... Doch gerade in diesem widrigsten Augenblick kam dem Wiener Kaffeehaus eine Mode zu Hilfe: das *Bridge-Spiel.* Damen (und Als-ob-Damen) der Wiener Gesellschaft machten sich erbötig, den Kaffeehäusern für nichts als die Entgegennahme des Kartengeldes

Spielpartner zuzuführen. Den Kaffeesiedern, Pflegevätern und Obdachgebern des Vereinswesens, mag es anfangs entwürdigend erschienen sein, nun gleichsam ins Schlepptau ihrer eigenen Mündel genommen zu werden; doch sie bissen in den saueren Apfel, unterwarfen sich der privateren Geselligkeit. Auf den Spiegelscheiben ihrer Lokale klebte das Wort: *»Bridge-Stube«.*

Es war nicht das Richtige. Es kann gar nicht das Richtige sein, solange der Wiener von seinem Kaffeehaus gerade das Gegenteil eines Klubs verlangt, nämlich: Unbestimmbarkeit, Zufälligkeit. Drum vernimmt man neuerdings von forschen Gemeinschaftsschritten, die das Wiener Kaffeehaus gegen das Überwuchern der Bridge-Stuben unternimmt. Man täte seinem überlieferten Geiste aber unrecht, wenn man diese Feindseligkeit nur aus der Not der Zeit erklären wollte. Das Café von Wien hat nicht nur seine stillschweigenden Verträge zwischen der differenzierten Bestellung und der summarischen Bedienung, es ist wie jedes Bereich, wo solche Auguren-Verträge im Schwang sind, eine eigentliche Kulturstätte. Da spielen die Zechen am Ende keine so große Rolle wie die Menschen. Der Typus des Mannes, der zwei Stunden bei einem hoch aufgeschichteten Berg von Zeitungen sitzt, den Kellner nach frischem Wasser, dem Adreßbuch, dem Konversationslexikon, Band Onyx bis Rattenpulver, jagt und dabei nichts als eine kleine Schale Kaffee zu sich nimmt, war den Kaffeesiedern nicht der unliebste. Sie wußten sich sogar mit jenem geizigen Sonderling zu befreunden, dem einmal Bekannte heimlich durch den Kellner (selbstverständlich gratis) ein mit Mostrich bestrichenes Brot auftischen ließen und der am nächsten Tag, nach seinen Wünschen befragt, die Bestellung ergehen ließ: »Ein Senfbrot wie gestern!« Was sie nicht ertragen können, ist das »wie zu Hause«. Denn wohin mündet es mit der Zeit? Im Zu-Haus-Bleiben.

Natürlich haben sie einen noch größeren Feind: die übermächtige Konkurrenz. Nur so ist der Sturm zu erklären, der kürzlich durch die Wiener Kaffeehäuser ging, als es hieß, ein waghalsiger Mann wolle – wahrscheinlich in der Hoffnung, die Zeit lasse sich umdrehen und man brauche nur die entsprechenden Kulissen aufzustellen, um eine entschlafene Wirklichkeit aufzuwecken – das alte »Europe« (das sich inzwischen in eine Seitengasse verkrochen hat) wieder an die gleiche Stelle hinbauen, wo es ehemals stand. Ein Café neben dem uralten Dom – es war früher der harmonischeste Zweiklang, Weltlichkeit und Geistlichkeit haben sich in Wien immer gut vertragen. Aber den Kaffeehäusern geht es zu schlecht, als daß sie sich einen geographischen Mittelpunkt gefallen lassen wollten, der sie zu Anrainern und Ausläufern degradiert. Sie wollen jedes für sich ein Fixstern sein. Die Automatenbüfetts haben diese Angst nicht, das heiße Würstel ist Jahresregent.

Süddeutsche Sonntagspost, Jg. 7, Nr. 2,
8. Januar 1933, S. 7–8 (Anton Kuh)

Wabruschek

oder Das Genie und der Profoß

Der Schriftsteller Henry Beyle, genannt: Stendhal, feiert am 23. Jänner seinen 150. Geburtstag.

Als der uradelige Graf Adalbert Sternberg im Jahre 1922 über seine Ausweisung durch die Wiener Polizei tobte, begütigte ich ihn: »Trösten Sie sich, das ist einem Größeren vor Ihnen – einem entfernten Geistesverwandten – geschehen.« – »Wem?« – »Stendhal.«

Stendhal, den unsere Zeit in Nietzsches Sinne immer als einen aristokratischen »Herrn von ...« sieht, hatte zu seinen Lebenszeiten von Staats wegen einen würdigeren Adelstitel: verdächtiges Element. (Anno 1833 sagte man: Libertiner; heute müßte man Kulturbolschewik dafür setzen.) Er kam zu diesem Beinamen, wie man in dieser Welt staatlicher Obsorge und Ordnungswahrung immer dazu kommt: durch die Marotte, mit eigenen Augen zu sehen, mit eigenem Hirn zu denken. Was der Kunstinstinkt Nietzsches erst um 1880 entdeckte, hat der Polizeinerv fünfzig Jahre früher herausgekriegt: dieser Mann läuft auf eigenen Beinen – und er läuft auf ihnen dem Jahrhundert voraus! Die Polizei hat – wenn auch aus umgekehrtem Trieb und zu entgegengesetztem Zweck als die Psychologie – immer die beste Nase für Originalitäten und Entwicklungen, die Geschichtsschreibung brauchte bloß ihren Geheimdossiers zu folgen, um die voranleuchtenden von den bald vergeßbaren Männern zu unterscheiden.

Was war Stendhals Vergehen gewesen? Er übte – kennt man diese Melodie nicht? – die Schriftstellerei in einem fremden, zumal unter Diktatur stehenden Land aus. Der Diktator hieß Metternich. Fast zu des Dichters Glück allerdings! Denn es ist nicht wahr, daß mit großen Herren nicht gut ist, Kirschen zu essen. Von den wirklich großen Herren hat man nicht viel zu fürchten. Gefährlich ist es nur, mit den kleinen Leuten Kirschen zu essen, die sich als die Großen aufspielen – mit den selbstherrlichen Dienstboten, den Dreikäsehochs des Cäsarismus. Darum ballte sich zwar das Gewitter um Beyle-Stendhals Haupt im Jahre 1820 bedenklich zusammen – aber es entlud sich, wie die neuere Forschung festgestellt hat, nicht eigentlich, es trieb den Dichter nur durch seinen schwefligen Vorgeruch aus dem Lande.

Stendhal lebte damals in Mailand, das zu Österreich gehörte. Er machte aus seiner Abneigung gegen die schwarzgelbe Herrschaft so wenig Hehl wie aus seiner Liebe zum italienischen Volk und dessen heidnisch-römischer Vergangenheit. Er war zu dieser Zeit ganz Bourbonenhasser, Demokrat (was damals einen anderen Sinn hatte), heimlicher Jakobiner, und lebte lieber im kargen Exil als unter sanften Gönnerfittichen in der Hauptstadt leichtlebiger Konversation. Es war seine Brutus-Periode. Er litt mit Silvio Pellico, dem irredentistischen Dichter, den die österreichische Regierung auf dem Spielberg gefangen hielt, haßte die Tyrannei und war auf dem Wege, sozusagen korrespondierendes Mitglied des »jungen Deutschland« zu sein, der radikalen Zeitrichtung: Heine-Wienbarg. Ja sein Glaubenseifer für die Freiheit ging damals so weit, daß er in einem Brief an Lord Byron (den er in der Loge des Abbé Breme zu Mailand kennengelernt hatte) den früher inniggeliebten Walter Scott beschimpfte, weil dieser, bloß der erhofften Pairswürde zuliebe, ein konservatives Blatt unterstützte.

Das war freilich alles mehr heimlich als laut ausgesprochen, nur Gesinnung nicht Tat. Doch blieb in den Büchern, die er damals schrieb, noch immer genug Unbewußtes, Geist-Aromatisches – gegen dessen Hervorquellen der wahre Schriftsteller stets ohnmächtig ist – davon zurück. Immerhin genug, daß zwischen Mailand und Wien ein starker Polizeibriefwechsel anging. Es war eine Zeit, die auch der sogenannten moralischen und religiösen Wortfreiheit ungefähr so hold war wie die heutige – wenn die zum Anstoßnehmen eingesetzten Organe sich von ihren Epigonen freilich durch zwei wesentliche Hemmungen unterschieden: die Rücksicht nach oben (hieß in diesem Fall: Metternich) und – die Bildung. Diese Hemmungen, scheint es, hatten damals Herrn Henry Beyle, dem lästigen Ausländer, für den Augenblick auch das Leben gerettet. (»Der Absolutismus«, sagte mir einmal der Volkskommissär Lunatscharsky, »ist duldsamer als die Volksherrschaft, weil er mehr Angst vor der Kritik hat.«) Doch Wabruschek ging das sehr wider den Strich.

Wabruschek – wer ist das?

Ein »Vorläufer« wie Stendhal. Ein Ahnherr jenes in Freiheit losgelassenen behördlichen Domestikentums, das in der Vorschrift rühriger und unbarmherziger ist als der Herr. Der Typus des sarkastischen, bald ein bißchen böhmelnden, bald ein Kasernen-Wienerisch redenden Kanzleifeldwebels, der den seiner Amtshandlung ausgelieferten Geist mit einer Mischung aus Jovialität und Dreistigkeit auf die Armesünderbank zwingt und nachher Communiqués darüber verfaßt, deren saloppe Selbstherrlichkeit gleichfalls zwingend ist. Ein unvergänglicher österreichischer Typus, der die Zeit des k. k. wahrscheinlich noch um Jahrhunderte überdauern wird.

Wabruschek hieß einer der drei Zensoren (vermutlich im Range eines Polizeikonzipisten), die dem Polizeipräsidenten Grafen Sedlnitzky zehn Jahre später als »Anlage« zu einem Ausweisungsgesuch des Mailänder Polizeichefs Torresani ihre Gutachten über Stendhals Italien-Bücher abgaben. Zehn Jahre später? Warum? Fragen Sie Doktor Walther Rode (Lugano), den Verfasser der Enzyklopädie »Die Amtspyramide«! Er wird Ihnen erwidern: Der Mensch ist sterblich – aber der Polizeiakt ist unsterblich, er gerät nach Jahren unvermutet und lawinengleich ins Rollen. Beyle, bettelarm, stellungslos, bewarb sich um den Posten eines Konsuls in Triest. Es fehlte nur noch das österreichische Visum. In diesem Moment entsannen sich die Mailänder Amtsstellen seiner um zehn Jahre zurückliegenden schriftstellerischen Tätigkeit. Während Stendhal alles zur Abreise rüstete, ging ein heimliches Schwarmlaufen an: dieser Ausländer (Vergehen Nummer eins) ist – wie heißt es doch in der Amtssprache Alt- und Neuösterreichs? – ein »subversives Element«; man muß ihn als einen »lästigen Zugereisten« behandeln. Drei Federn bewiesen es. (Man darf freilich zu ihrer Ehre sagen, daß ihr Verdammungsurteil stellenweise von einer Achtung gegenüber Sprache und Geist gehemmt scheint, die heute kaum noch antreffbar wäre.) Einer der drei, mit Namen: Kaster, hat sich des Dichters Buch: »Rom, Neapel und Florenz« vorgeknöpft. Er sagt:

Das ganze Werk besteht größtenteils aus Liebes- und anderen Anekdoten und kühnen hämischen Urteilen über die österreichische Regierung. Da nun die Schrift nichts weiter als eine Zusammenstellung unsittlicher wollüstiger Anekdoten und anderer flüchtigen kühnen Behauptungen, besonders aber Schmähungen der österreichischen Regierung ist, so –

Wenn diesem Kaster damals jemand öffentlich ein bißchen auf die zensierenden Finger hätte klopfen dürfen – was hätte er vom Begutachter zu hören bekommen? Und was würde er von seinem Nachfahren und dessen Gesinnungsgenossen im gleichen Fall heute alles hören – über »Vorschubleistung«, »Sittenverwilderung« und dem »verhüllten Antlitz Goethes«?

Nun, so sei hier gleich mit den Worten erwidert, die – um bei Wabruscheks Sprache zu bleiben – vorgenannter Goethe am 8. März 1818 über dasselbe Werk Stendhals schrieb:

»Man liest das Buch immer wieder und möchte es stellenweise auswendig lernen.«

Was Goethe auswendig lernen möchte, ist Wabruschek ein Gräuel. (Damals wie heute.) »In Beziehung auf religiöse Gegenstände« schreibt er,

»enthält das Buch nicht wenig anstößige Stellen. Luther zum Beispiel ist dem Verfasser ein großer Mann, der endlich durchdringen konnte, ohne auf den Scheiterhaufen zu kommen ... Der tadelnswerten Stellen sind unzählige ...«

Zur Rehabilitierung Wabruscheks:

Der »Gefertigte glaubt zwar auf damnatur! (Einstampfung) erkennen zu dürfen« – aber er kann nicht umhin, am Schluß zu bekennen: »... wenn auch der antiquarische und artistische Inhalt sehr wichtig ist.« Wabruschek, diese eine Klausel zeigt den ganzen Unterschied zweier Zeiten, zweier Diktaturen! Deinen Nachfolgern im Geist und Amt nämlich ist der antiquarische und artistische Inhalt gewöhnlich piepe. Sie sprechen ihr »damnatur!« vor dem »audiatur!«.

Der Wiener Tag, 12. Jg., Nr. 3478,
23. Jänner 1933, S. 6 (Anton Kuh)

Wien

Die Stadt, die von der UFA zu einer sentimentalen Kulisse des Deutschtums degradiert wurde, einem Wein-München mit einem bisschen Dreiviertel-Takt, hat nie ein nobleres Gesicht gezeigt als in diesen Tagen. Wenn tragisches Gewölk über ihr aufzieht, lernt sie zu schweigen; sie zieht sich alsdann in ihre berüchtigte Teilnahmslosigkeit wie in eine Trutzstellung des Spottes zurück; und ihr Lächeln wird bedeutungsvoll-gottergeben.

Jeder Wiener ist ein geborener Zuschauer. Gegenüber Aufregungen und Umwälzungen, die ohne sein Dazutun entstanden, besteht seine Kunst darin, die Zuschauermiene zu übertreiben. Er macht den paar tausend vom Land oder noch weiter hergekommenen Darstellern der »Volksstimme« apathisch Platz und benützt den Gehsteig als Stehparterre. Seine Kritik gilt dann sehr tiefsinnig ihren Anzügen, ihren Hüten, ihren Nasen, ihren Stimmbändern, doch fast nie ihren Gesinnungen. Sind diese, sagt er sich, nicht vollendet in jenen ausgedrückt? So wird man ihm nie einreden können, dass ihn etwas angeht, was sich unwienerisch gebärdet, das heisst, was mit der Gerechtigkeit und dem Menschen nichts zu tun hat. Er hält sich an die Hüte, an die Hosen, an die Nasen.

Während die Zeitungslettern in diesen Tagen die Bürger von Prag, Zürich und Paris aufpeitschten, schauten sich die Wiener ihre eigenen Strassen an, um zu sehen, was die neue Polizeikonstellation bringen werde. Sie sahen: wenig Alarm und viel Alarmbereitschaft. In den Hauptstrassen Trupps aus ganz alten Offizialwitwen und hundjungen Hauptschülern. In den Nebengassen Mannschaftsautos, zum Einsatz bereit. Von dieser martialischen Hinterwand gellten die Schreie und Sänge aus unsicheren Kehlen erst mit bedrohlicher Schärfe. Aber die Wiener erschraken nicht. Als an den Polizeiwagen vorbei durch die Mahlerstrasse – die Strasse, die hinter den grossen Hotels zur Kärntnerstrasse führt – ein Rudel weissbestrumpfter Tertianer unter den Rufen »Hörst-as-kumm!«, »Rosch-sog-i!«, »Is-dar-a-Hetz!« zur Manifestationsstelle eilten, um dort ihren Teil deutscher Vox populi abzuliefern, folgten ihnen die bekümmerten Blicke zweier Chauffeure vom Standplatz. »Übers Knie legen ...«, meinte nach langem Sinnen der eine. Der andere künstelte ein höhnisches Hochdeutsch: »Damit beleidigst du den deutschen Charakter Wiens ...«

*

Wegen der Auffassung, die dem einfachen Mann da entwischte, war Wien bei den Grenzösterreichern, von den Kärntnern bis zu den Schlesiern, immer verhasst gewesen. Sie heimsten zwar gern die Früchte ein, die ihnen das glänzende Aushängeschild »Wien« aus der Welt brachte, sie wussten, dass das Ausland Wien meinte, wenn es Österreich sagte. Trotzdem galt ihnen der zivilisationsfrohe, gescheite Un-Nationalismus der Stadt, wo sich unter zwanzig Familien kaum eine echtblütig-deutsche findet, bloss als strafwürdige »Lauheit« und »Waschlappigkeit«. Mehr oder minder erfahren alle Weltstädte dieses Schicksal. Den Deutschen war Berlin nicht völkisch genug, den Franzosen erscheint Paris als unfranzösisch, die Engländer stellen in der nationalen Stafflung Oxford gewiss über London. Der Grund ist leicht zu ersehen. Die Weltstädte, wo der Mensch frühzeitig gezwungen wird, sein Erlebnis von Schule und Kirchspiel aufzugeben, sich an härtere Ellbogen zu stossen, mit der Masse zu verschmelzen, wo er die Ausartungen des Daseins sieht und der Wirklichkeit in ihren Mechanismus blickt, sind – im Gegensatz zur Provinz, wo schon der engere Raum die Illusionen der Jugendzeit begünstigt, der puerile Typus also den Ton angibt – Stätten der Erwachsenheit. Da nun das Nationalbewusstsein heutigen Gepräges wesentlich der puerilen Vorstellungswelt angehört, hat die Kleinstadt gegen die Grossstadt immer ihren nationalen Einwand. (In diesem Sinne könnte man den Fascismus unter anderem als einen Sieg der Provinz über die Weltstädte ansehen.) In Wien traten besondere Umstände dazu, die die heitere, produktive Überlegenheit der Stadt zu einem Stein des Anstosses für die heroischen Provinzler machten. Wien, Haupt von zehn Völkern, erlebte seine sowohl feudale wie domestikenhafte, in jedem Fall aber der Erwachsenheit entsprungene Absenz von Nationalgefühl als Geist, Kunst und Weltanschauung. Seinen leuchtenden Beitrag zur deutschen Welt leistete es durch Undeutschheit. So ist ja jeder aristokratische Beitrag zur National-Kultur funktioneller, nicht demonstrierter Art. Gerade dies aber reizt die Neu- und Provinz-Nationalen, die doch umgekehrt das Demonstrierte vor dem Funktionellen sehen, zum Ärger; ihr plebejischer Instinkt fühlt sich in einer solchen Welt der Nuancen unwohl, wo es auf die tausend Brechungen des Menschlichen und nicht auf das sture Grad oder Ungrad der Gesinnung ankommt. Der grosse Mann dieser Zeit, der vor fünfundzwanzig Jahren das slawisch-ungarisch-deutsch-jüdische Mischmasch Wiens gleich einem Gewimmel von kleingedrucktem Chinesisch auf Aug und Ohr losstürmen fühlte und sich's wie ein zweiter Coriolan zuschwor, die Stadt nicht mehr wiederzusehen oder sie dem provinzdeutschen Boden gleichzumachen, fühlte nur wie alle anderen vor und nach ihm, für die Wien eine unbegreiflich verschlossene Pforte war. Ihr unwienerischer, antiwienerischer Traum war: ein deutsches Wien. Unter Franz Josefs Zeit hätte die Stadt über dieses Wort gelächelt. Es befremdet heute noch, wo von den über anderthalb Millionen Einwohnern nur noch gegen vierhunderttausend Tschechen oder Juden sein mögen und es infolge des abgesperrten Blut-Zuflusses aus Polen, Italien, Ungarn, Slowenien bereits die eine oder andere Familie gibt, in der kein Tropfen fremdes Blut rollt, die Wiener Ohren. Das deutsche Wien ist eine Grazer Erfindung.

*

Da aber liegt des Pudels historischer Kern! ... Als der Krieg zu Ende war, begann der Rachefeldzug der Provinzler, der diesseits wie jenseits der Grenzen, gegen die laue und waschlappige Hauptstadt. Die Universität wurde zu einem Bollwerk des Wien-Hasses. In die Ämter zogen von der höchsten bis zur niedrigsten Stelle nur noch Nichtwiener ein. Mit ausserwienerischer Hilfe wurde die Stadt in zwei gefahrvollen Momenten niedergeworfen. Während man die Welt mit dem Sammelteller »Österreich« noch immer glauben machte, dass es sich um die Wiener Mischgrazie, um das Burgtheater, um Gustav Mahlers Hofoper, um das Licht friedlichen, heiteren Individualitäten-Gemenges handle, gehörte Wien nur noch seinem Umland.

Dann aber traten die geschichtsbekannten Folgen ein. Nach dem fünfundzwanzigsten Juli 1934 und angesichts des Verhaltens, das Beamte und Studenten damals an den Tag gelegt hatten, hörte man plötzlich eine ungewohnte Parole, die von vielen bei der Obrigkeit missliebigen echten Wienern schon lange Zeit vorher gewünscht worden war: Genug Zuzug aus den Grenzlanden! ... Langsam rang sich die Überzeugung durch, dass der beste Schützer Wiens der Wiener selber sei ...

*

Und nun geschieht in diesen Tagen das Paradoxe: die Autorität, die von draussen nach Wien gekommen war, stützt sich in ihrem Kampf um Österreich auf das ruhige, neutral gebliebene Wien. Die »undeutsche« Stadt hilft den deutschen Frieden besiegeln. Ihre Waschlappigkeit hat wieder einmal die aristokratische Prüfung bestanden, lächelnd daneben zu stehen, während um ihren Kopf gewürfelt wird.

Die neue Weltbühne [Der Weltbühne 34. Jahrgang], 34. Jg., Nr. 10, 10. März 1938, S. 313–315 (Anton Kuh)

Ein schlechtes Thema

»Warum widmen Sie Ihre sarkastische Feder nicht dem *Bürckel-Ring?*«, schrieb mir unlängst ein Bekannter. »Zu dieser tolldreisten Umbenennung des schönsten Ringstrassenteils müssten Sie als Wiener doch manches Wehmütig-Witzige zu sagen haben?!«

»Mein lieber Freund«, schrieb ich zurück. »Sie irren. Der Bürckel-Ring lässt sowohl meine Wehmut wie meinen Witz kalt. Denn erstens: wo soll man bei diesem 1000-Jahrs-Reich des Dilettantismus, das sich das III. nennt, zu staunen und zu parodieren anfangen? Womit hat der Bürckel-Ring mehr Anrecht auf unser Gelächter als tausend andere Dinge, die uns, wienerisch gesprochen, Ring-rund und Kai-rund seit bald acht Jahren den Kopf zum Taumeln gebracht haben – Umbenennungen von weit gröberer Fraktur, wie etwa die:

von Briefträgern in ›Arier‹, von Oesterreichern in ›Ostmärker‹, vom historischen Prager Wenzelsplatz in einen Hitler-Platz und – nehmt alles nur in allem! – von Jesus Christus in Adolf Hitler? Und liegt nicht das Wesen dieses Neu-Deutschland gerade darin, dass vom Höchsten bis zum Geringsten alles *umbenannt* ist, die Perspektiven ineinander torkeln, die Lächerlichkeit den Thron der Geschichtsmajestät einnimmt und sich die Unorthographie mit ehernen Lettern ins Buch der Frau Klio einträgt?

Zweitens aber, mein Lieber: hören Sie mir mit Wien auf! Sie wissen, dass es diese Stadt schon lange nicht mehr gegeben hatte, bevor sie für uns aufhörte. (Wenn Sie's nicht wissen, dann lesen Sie Franz *Höllerings* eben herausgekommenen Roman ›*The Defenders*‹, worin Sie die Geschichte der Wiener Sozialdemokraten-Niedermetzelung vom Februar 1934 und den Untergang Wiens exakt beschrieben finden!) Und nun gar die Wiener? Blättern Sie in den prachtvollen Studien des zu Unrecht vergessenen Ferdinand *Kürnberger*, was dieser ernste, noble Deutsch-Wiener schon vor siebzig und achtzig Jahren über den wienerischen Hang zu sagen wusste, die eigene Stadt mit neuen Denkzeichen und Strassentafeln immerzu tagesgeschichtlich zu besudeln, das heisst: die triviale Vergänglichkeit in ihr zu verewigen. Aber Sie brauchen gar nicht so weit zurück. Haben unsere Karl Lueger-Ringe und Seipel-Plätze und Schober-Parks, so unvergleichbar jeder dieser Namen mit der Rülps-Interjektion: ›Bürckel!‹ ist, dem Umbenennungswahn der Nazis nicht genug vorgearbeitet? Und wissen wir nicht, in wie rascher Folge die Geschichte in den letzten 10, 20 Jahren die Unsterblichkeit von gestern jeweils immer aus den Strassentafeln ausradiert hat, um für die von morgen Platz zu machen?

Gewiss, ich bestreite nicht, dass die Sache zur Parodie einlädt. Wenn ›Bürckel-Ring‹, warum dann nicht *Schirach-Kai?* Und statt ›Wurstel-Prater‹ *Hampelmann-Prater?* Und für Jasomirgott-Strasse (bekanntlich nach jenem Babenberger-Herzog benannt, der jeden seiner Sätze mit ›Ja, so Gott mir helfe‹ anfing) ›*Jasomirhitler*‹- oder noch besser ›*Ja-wenn-ich-so reden-dürft*‹-Strasse? Und für die Himmelpfort- natürlich die *Himmlerpfort*-Gasse, für den Bezirk ›Mariahilf‹ aber, gemäss dem neudeutschen heidnischen Kult, die Bezeichnung: ›Freya-schau-oba!‹ (Freya blick auf uns)? Aber welchen Witz könnte man sich erdenken, den die Verwaltung des Gaues ›Ostmark‹ nicht morgen schon zur Wahrheit macht?

Nein, mein Verehrtester, das Thema ›Bürckel-Ring‹ gibt nichts her. Ausser etwa die Erkenntnis, wie wenig uns die Stadt, wo man ungestraft ›Bürckel‹ auf die Ringstrasse schmieren darf, noch angeht, und wieviel mehr dagegen der Central-Park, der Times Square und die Fifth Avenue ...«

Aufbau, Vol. 6, No. 35,
August 30, 1940, p. 4 (Yorick)

Eine Wiener »Lokalgröße«? – Mitnichten!

Anton Kuh: eine Richtigstellung

Der jüdische Literat Anton Kuh (Wien 1890–1941 New York) hatte lange Zeit allenfalls in der Anekdote überlebt: als notorischer Schnorrer, der seine Gläubiger zum Narren hält, der von Verlegern und Zeitungsherausgebern Vorschüsse für Essays und Glossen kassiert, die er nie schreibt; als extravaganter Lebenskünstler und schillernde Szenefigur. Neben einem Œuvre, das über vier Dutzend Periodika verstreut ist, ist für die verzerrte Wahrnehmung Kuhs als sogenanntes »Original« unter anderem das diffamierende Etikett »Kaffeehausliterat« verantwortlich, das ihm, wie anderen auch, im Zeichen anheimelnder Donaumonarchie-Nostalgie angeheftet wurde. Zudem haben ihm Karl Kraus' irdische Statthalter nie verziehen, dass er Jahrzehnte hindurch und mit lustvoller Akribie den »Unterhaltungssport« der »Frotzelung des Kraus«[1] ausgeübt hat. Er hat sich die Freiheit genommen, die sprachvirtuose Federfuchserei, die »Metaphysik des Beistrichs« des Herausgebers der »Fackel« und insbesondere den hysterischen Karl-Kraus-Kult immer wieder durch den Kakao zu ziehen. Dass der »Krausianer« Friedrich Torberg Kuh auf einen Pointendrechsler und Anekdotenlieferanten reduziert, verwundert daher nicht. Was nichts daran ändert, dass sein zweifelhaftes Loblied auf das schlampige Genie, das sich im Ephemeren verzettle und sich leider außerstande zeige, »den Witz und den

Geist, den [es] am Kaffeehaustisch mit müheloser Grandezza versprühte, in eine für den Druck und vollends für den Buchdruck geeignete Form zu fassen«,[2] an üble Nachrede grenzt.

Anton Kuh stellt sich heute – eigentlich – entschieden anders dar, als es die tradierten Klischees wollen: Er *war* entschieden mehr als das dandyhafte Kaffeehaus-Original, das schlampige Genie, das sich im Ephemeren, Nebensächlichen verzettelte; und er *ist* entschieden mehr als die widerwillig und pflichtschuldig gesetzte Fußnote in der Karl-Kraus-Sekundärliteratur.

Autor der aufsehenerregenden und seinerzeit vieldiskutierten Streitschrift »Juden und Deutsche«[3] mit ihrer rabiaten Absage an assimilatorische wie zionistische Bestrebungen, war er ein Sensation machender Stegreif-Vortragender, ein Publizist mit einem ungemein vielfältigen Œuvre – das u. a. ein halbes Dutzend Filmdrehbücher enthält –, dessen Texte in den renommiertesten Zeitungen und Zeitschriften erschienen: Feuilletons, Aphorismen, Theaterkritiken, Buchrezensionen, Glossen zum Tagesgeschehen, die erst in gesammelter Form erkennen lassen, wie wach sein Verständnis für politische, gesellschaftliche und kulturelle Entwicklungen war, und die sich, chronologisch gelesen, geradezu ausnehmen wie ein Index der Zeit, der sich noch dazu durch die erstaunliche Dauerhaftigkeit dieser tagesaktuellen Momentaufnahmen auszeichnet.

Er war keineswegs eine Wiener »Lokalgröße« (im doppelten Sinn des Wortes), sondern überaus aktiv ins literarische, politische und gesellschaftliche Leben nicht nur des

Wien und Prag der Habsburgermonarchie und der Zwischenkriegszeit, sondern auch des Berlin und München der Weimarer Republik involviert. Als Chronist erfasste der Artikelschreiber die Physiognomie der Zeit so luzide, wie er sie brillant zeichnete. Seine Texte, oft für den Tag geschrieben, weisen doch in den meisten Fällen darüber hinaus. Seine Feuilletons gehören inhaltlich und, mehr noch, stilistisch zum Besten, was in den Zeitungen jener Jahre »unterm Strich« zu lesen war – die Vielzahl an zeitgenössischen Wiederabdrucken spricht für sich.

Er war ein freier Geist, ein Unbequemer, der sich einen sardonischen Spaß daraus machte, die Auslagenfenster einzuschmeißen, hinter denen sich wer und was auch immer dem gutbürgerlichen Idyllenbedürfnis darbot. Seinem Selbstverständnis nach »Linksler, Exzedent, Schmutzfink der Aufrichtigkeit« und damit »geborener Spielverderber«,[4] waren ihm Dogmatismus und Parteigeist verhasst, teilte er gegen die rechten »Schollenschwindler« ebenso aus wie gegen die »links-doktrinären Aktivisten«. Von der Nazi-Presse als »Kulturbolschewist« angefeindet, wurden seine Vorträge immer wieder von »Hakenkreuzlern« gestört, stand sein Name auf deren Proskriptionslisten.

Einer der bekanntesten Literaten der Zwischenkriegszeit, war Kuh bis in die 1980er-Jahre vergessen gewesen. Zwar hatte Helmut Qualtinger schon 1962 eine Langspielplatte mit dreizehn Stücken aus Kuhs »Unsterblichem Österreicher« (1930) besprochen; zwar waren Kuhs Texte vereinzelt und verstreut in Anthologien zu finden; zwar waren sie 1963 stattlich gebündelt – »als kleiner Beitrag der Skepsis gegenüber gewissen literarischen Moden, als Narrengelächter über die unsterblichen Krausianer« – erschienen.[5] Die »Wiederentdeckung« gelang aber erst mit der in Lizenz vom Ostberliner Verlag »Volk und Welt« im Wiener Löcker Verlag 1981 erschienenen Teilsammlung »Luftlinien«.[6] Erstaunt bis ungläubig, aber durchwegs enthusiasmiert über die knapp 500 Seiten geballten Kuhs, konnte man den »Kaffeehausliteraten«, der nur in Anekdoten überlebt hatte, nun als hochpolitischen Kopf entdecken.

Im österreichischen Feuilleton[7] hielt sich die Begeisterung[8] mit schmallippig vollzogener Berichtspflicht die Waage. Kaum verhohlen widerstrebend schrieb Edwin Hartl, der sich gleich eingangs seiner Besprechung als Krausianer deklariert, Kuh aus dieser Perspektive derart verbohrt herunter, dass sein Redaktionskollege Franz Endler drei Wochen darauf eine (nicht als solche ausgewiesene) Gegenbesprechung ins Blatt rückte, in der er gerade die Stegreifrede »Der Affe Zarathustras« – eine präzise Analyse und plausibel argumentierte Beurteilung wenn schon nicht der Person, so doch des »Phänomens« Karl Kraus – zu den »anregendsten Dokumenten« rechnete, »die ein an Literatur interessierter junger Mensch zu lesen hat, ehe er sich in Debatten irgendwelcher Art einläßt«.[9] Hartl hatte die »berüchtigte Stegreifrede« noch als »kein Geistesblitz, es donnert nur wortgewaltig mit leichtfertiger Schlagfertigkeit, aber nicht geistesgegenwärtig« (ab)qualifiziert.[10]

Ungläubig und dezidiert abschätzig vermerkt auch eine anonyme Notiz in der »Arbeiter-Zeitung« – in der Zwischenkriegszeit unter Chefredakteur Friedrich Austerlitz publizistische Verbündete der »Fackel« –, dass der »absurderweise aus der DDR« übernommene Sammelband Kuh weniger »als den Clown, sondern als Kämpfer, zumindest im Nachwort weniger als flanierenden Feuilletonisten denn als Bekenner« zeige.[11] Realitätsverweigerung der infamen Spielart demonstriert die Besprechung der 1983 erschienenen Teilsammlung »Zeitgeist im Literatur-Café«,[12] die unter ähnlichen Gesichtspunkten wie der Vorgängerband zusammengestellt worden war, in der »Arbeiter-Zeitung«: Nicht ernst zu nehmen, allenfalls der »Bohemien, der Charmeur, der Humorist« sei der Beachtung wert: »Druckt von Kuh, was ihr finden könnt, aber laßt ihn sein, was er war, ein Wiener Caféhausliterat.«[13]

Die zahlreichen Auflagen der »Luftlinien« sowie der zwei Jahre darauf publizierte Folgeband hatten die Konturen des hellsichtigen und streitbaren Intellektuellen geschärft und Kuh im Gespräch gehalten. Allzu rasch setzte allerdings eine Umkehr in der Wahrnehmung Kuhs ein, die neuerliche Verharmlosung zum »Kaffeehausliteraten« – eine schon für seine Zeitgenossen unumwunden abschätzige Bezeichnung – und Anekdotenlieferanten. Als wolle man sich eine liebgewonnene Figur aus dem Inventar der donaustädtischen Folklore partout nicht madig machen lassen, wird Kuh heute wieder in »Kaffeehausliteratur«-Veranstaltungen als leichte Kost unter dem Signum touristischen Wien-Marketings (verraten und) verkauft.

Bezeichnenderweise stimmt das selbst für ein literatur*wissenschaftliches* Großunternehmen wie die »Geschichte der Literatur in Österreich von den Anfängen bis zur Gegenwart«. Von elf Zeilen Text, die im von Joseph P. Strelka verantworteten Abschnitt »Die österreichische Exilliteratur seit 1938« Kuh gewidmet sind, werden sechs auf »launige« G'schichterln verschwendet;[14] als Quelle ausgewiesen: ein populärer »Dichterspiegel in rund fünfhundert Anekdoten«, der dem akademischen immerhin seit seiner Erstauflage den bescheidenen Anspruch voraushat, »*keine* Literaturgeschichte ersetzen« zu wollen.[15] Und bestätigt die Diagnose, die Kuh seiner Heimatstadt schon 1917 gestellt hatte: »Operettenvertrottlung«.[16]

Walter Schübler

Endnoten

1 Anton Kuh: Die Schule des Ethos. In: Neue Revue, Ende August/September 1931, S. 288–289.

2 Friedrich Torberg: Die Tante Jolesch oder Der Untergang des Abendlandes in Anekdoten, München 1975, S. 249.

3 Anton Kuh: Juden und Deutsche. Ein Resumé. Berlin 1921. Wiederaufgelegt: Anton Kuh: Juden und Deutsche. Hg. und mit einer Einleitung von Andreas B. Kilcher. Wien 2003.

4 Anton Kuh: Wie zwitschern die Jungen? Eine Rundfrage und eine Idylle. In: Die Stunde, 4. Jg., Nr. 924, 8. April 1926, S. 5.

5 Anton Kuh: Von Goethe abwärts. Aphorismen, Essays, Kleine Prosa. Wien, Hannover, Bern 1963. Das Zitat aus dem anonymen Nachwort, S. 327. (Herausgeber und Verfasser des Nachworts ist aller Wahrscheinlichkeit nach Hermann Hakel.)

6 Anton Kuh: Luftlinien. Feuilletons, Essays und Publizistik. Hg. v. Ruth Greuner. Wien 1981.

7 Wie das Zeitungsausschnittarchiv der Dokumentationsstelle für neuere österreichische Literatur im Wiener Literaturhaus belegt, auf das ich mich im Folgenden stütze.

8 Hervorzuheben insbesondere Robert Schediwy, der die Anton-Kuh-Sammelbände kundig und souverän einzuschätzen wusste.

9 Franz Endler: Anton Kuh muß man kennen. In: Die Presse, 7. Oktober 1981, S. 5.

10 Edwin Hartl: Lokalretrospektive bis zuletzt. Erinnerungen von und an Anton Kuh. In: Die Presse, 19./20. September 1981, Beilage.

11 Anonym: Die Wiener Feuilletonisten. In: Arbeiter-Zeitung, 7. November 1981, S. 15.

12 Anton Kuh: Zeitgeist im Literatur-Café. Feuilletons, Essays und Publizistik. Neue Sammlung. Hg. v. Ulrike Lehner. Wien 1983.

13 Anonym: Gar net schlecht, Euer Gnaden. In: Arbeiter-Zeitung, 18. Februar 1984, S. 14.

14 Geschichte der Literatur in Österreich von den Anfängen bis zur Gegenwart. Hg. v. Herbert Zemann. Bd. 7: Das 20. Jahrhundert. Hg. v. Herbert Zemann. Graz 1999, S. 391.

15 Johannes Twaroch: Typisch Österreich. Literatur in Anekdoten. Wien 2003, Vorwort, S. 8 (Kursivierung von W.S.). Erstauflage unter dem Titel: Literatur in Anekdoten. Wiener Neustadt o.J., hier Vorwort, S. 9.

16 Anton: Die schlechte Akustik. In: Der Morgen. Wiener Montagblatt, 8. Jg., Nr. 52, 24. Dezember 1917, S. 7.

Erläuterungen

[Ohne Titel]

Wiederholt hebt Anton Kuh auf den romanischen Wesenszug seiner Geburtsstadt und – mehr noch – von dessen Einwohnern ab. In der Konkurrenz »Wien-Berlin« ist Paris Kuhs Tertium comparationis (s. Seite 110).

Café de l'Europe

Am 15. Dezember 1918 gehen im Café de l'Europe um Punkt 9 Uhr abends – zur amtlich dekretierten Gasthaus- und Kaffeehaus-Sperrzeit – die Lichter aus, und das für immer. Das Lokal, Zentrum des Wiener Nachtlebens am Stephansplatz, für dessen internationales Publikum Zeitungen aus aller Herren Länder aufliegen, und vor dem Krieg von 0 bis 24 Uhr geöffnet, weicht einer Bankfiliale.

Rothberger: Textilkaufhaus (»Kleiderpalast«) Jacob Rothberger an der Adresse Stephansplatz 9 und 11.

Mizzi Schmidt: Prostituierte, die, 26-jährig, im Juni 1913 im Hotel »Zum römischen Kaiser« einem Raubmord zum Opfer fällt.

Comtesse Veith: Prostituierte, die von ihrem Stiefvater ab ihrem 14. Lebensjahr verkuppelt wird und im April 1908, 18-jährig, ihrem Leben durch einen Sprung in die Donau ein Ende setzt.

Nasen und Pelze

Donnerstag, 1. Dezember 1921. Floridsdorfer und Stadlauer Metallarbeiter treten in den Vormittagsstunden aus Protest gegen die sprunghafte Teuerung von Lebensmitteln in den Streik. Sie beschließen, in die Innere Stadt zu marschieren, um dem Parlament einen Forderungskatalog zu überreichen. Schon beim Anmarsch durch den zweiten bzw. den zwanzigsten Bezirk werden Kaffeehäuser verwüstet, alle Fensterfronten der großen Ringstraßencafés zertrümmert, Einrichtung und Inventar demoliert. Am frühen Nachmittag rücken auch Abordnungen aus den westlichen Bezirken Fünfhaus, Ottakring und Hernals auf die Innere Stadt zu. Etwa 30.000 Demonstranten sind schließlich vor dem Parlament versammelt. Bei den Ausschreitungen im Anschluss an die Auflösung der Demonstration kurz vor Einbruch der Dunkelheit, gegen halb fünf Uhr, werden vornehmlich am Ring, am Graben, in der Kärntner Straße, der Wollzeile und in der Rotenturmstraße Cafés, Geschäfte und Hotels devastiert und geplündert. Insbesondere in Luxus-Etablissements wie dem »Sacher«, dem Hotel Bristol, dem Grand Hotel, dem Hotel Imperial und dem Schwarzenbergkasino bleibt überhaupt nichts ganz.

Paul Busson kommentiert u.a.: »Sie kamen wie Ratten von allen Seiten, zerfetzt, brüllend, übelriechend, lumpig, leere Diebstaschen und Raubsäckel mit sich führend, Eisenstangen, Messer, Aexte, Hämmer. Sie wanderten herein in voller Kriegsrüstung, armselig, trunken von den Hetzreden jener Gauner aus dem Osten, die man bei uns immer noch duldet, gierig nach Glitzerdingen, Gold, nach vollen Flaschen, nach den Herrlichkeiten in den Läden der Feinkosthändler. [...] Armes, liebes Wien! Wehre dich endlich deiner Haut. Du bist ja auch mit Türken und Kuruzen fertig geworden. Besinne dich auf dein Deutschtum, auf die Kraft, die deinen Kindern eigen ist, auf Ruhm und Glorie deiner Jahre. Und haltet endlich zusammen, die ihr echte Wiener seid, Bürger und Arbeiter, dann wird sich solches nicht mehr ereignen können.«[1]

Zweierlei Wien

Burgenland »Surgenland« / Enteignung Oedenburgs: Im Vertrag von Trianon wird Ungarn 1920 verpflichtet, das damalige »Deutsch-Westungarn« an die Republik Österreich abzutreten. Ende 1921 wird diese Verpflichtung erfüllt. Allerdings verbleibt Ödenburg (Sopron), das als Hauptstadt des neuen Bundeslandes Burgenland vorgesehen ist, nach heftigen Protesten Ungarns und einer Volksabstimmung bei Ungarn.

Marquise Pompadour. Generalprobe im Carl-Theater

»Madame Pompadour«: Operette in drei Akten von Leo Fall, Libretto von Rudolph Schanzer und Ernst Welisch. Uraufgeführt am 9. September 1922 am »Berliner Theater«, ebenfalls mit Fritzi Massary in der Titelrolle.

»Damen ohne Begleitung«

Wie schon während des Weltkriegs häufen sich die Fälle, da »Damen ohne Begleitung« in Wiener Cafés nicht bedient, sondern des Lokals verwiesen werden. Wie 1917 kommentiert Kuh die etwas einseitige Auffassung der Wiener Kaffeesieder, in deren Weltbild nur Platz ist für »Damen mit Begleitung« oder »Solchene«, sprich Gattin oder Animiermädel.

Kappeln auf dem Korso

Im Mai 1923 etwas im Stadtbild bis dahin nicht Gesehenes: Couleurstudenten – jene farbentragenden Jünglinge, die sich nicht nur wochentags bei antisemitischen Krawallen in den Hörsälen hervortun, sondern sonntags auch in Rudeln in Ringstraßencafés einfallen und Menschen mit der »falschen Nase« aus den Lokalen zerren, um sie zu verprügeln –, die man ansonsten nur in der Josefstadt und am Alsergrund antraf, pflegen den sogenannten »Bummel«, den

»Brauch, seine Gesinnung paarweise äußerln zu führen«[2], nun auch in Gegenden, wo sie sich früher nicht sehen ließen: in der City.

Der Schlapphut-Spießer

Federführend beteiligt an den Quertreibereien, die unter anderem vom »Bildhauerverband« und vom »Dürerbund«, gegen den Entscheid der Jury inszeniert wurden, die über die Entwürfe für ein Denkmal des Dankes für die Österreich erwiesene Auslandshilfe zu befinden hatte, war Oberbaurat Leopold Bauer.

Wien am Gebirge

Am Sonntag, 1. Juli 1923, beginnen kurz nach Mittag die Vorbereitungen zur Schlussfeier des Allgemeinen österreichischen Katholikentags, die Aufstellung zum Festzug an den Plätzen und Zufahrtsstraßen zum Ring. Die Wiener Bezirksgruppen und die Gruppen aus den einzelnen Bundesländern marschieren »unter klingendem Spiel mit Fahnen«, wie das »Neue Wiener Tagblatt« berichtet, zu ihren Aufstellungsplätzen an. Um 13.30 Uhr setzen sich die beiden Festzüge in Bewegung – einer von der Urania über den Stubenring, der andere von der Augartenbrücke über den Schottenring – zur Schlussfeier auf dem Heldenplatz. Am Vortag hat die Tiroler Abordnung »in ihrer Gebirgstracht« (»Neue Freie Presse«) mit fünf Musikkapellen einen aufsehenerregenden Umzug vom Fürsterzbischöflichen Palais zum Bundeskanzleramt und von dort in die Salvatorgasse zum apostolischen Administrator von Tirol und Vorarlberg veranstaltet.

Piefke als Gast

Karl Lahm datiert seinen Korrespondentenbericht »Die entsittlichte Stadt« (Vossische Zeitung, Nr. 150, 28. März 1924, Morgen-Ausgabe [S. 2]) über das – in seiner Darstellung – moralisch völlig aus dem Ruder laufende Wien mit »**Sodom,** [Fettung im Original!] im März«.[3]

Berliner Notizbuch

Hindenburg-Deutschland: Am 26. April 1925 wird der 77-jährige Paul von Hindenburg, im Ersten Weltkrieg Generalfeldmarschall und Chef der Obersten Heeresleitung, im zweiten Wahlgang zum Reichspräsidenten gewählt. Am 12. Mai wird der überzeugte Monarchist vereidigt. 1932 wiedergewählt, ernennt er am 30. Jänner 1933 Adolf Hitler zum Reichskanzler.

Bettauer-Verdammung: Hugo Bettauer (1872–1925) , Schriftsteller und Publizist, der sich mit seinen Zeitschriften »Er und Sie. Wochenschrift für Lebenskultur und Erotik« (1924) und »Bettauers Wochenschrift. Probleme des Lebens« (1924–1927) der Sexualaufklärung widmet – er tritt unter anderem für die Straffreiheit von Homosexualität unter Erwachsenen ein – und dafür massiv angefeindet wird; die nationalsozialistische Wiener Presse ruft unverhohlen dazu auf, ihn »auszurotten«. Bettauer wird am 10. März 1925 vom 20-jährigen Zahntechniker Otto Rothstock, einem Nationalsozialisten, im Redaktionsbüro in der Wiener Langen Gasse niedergeschossen und erliegt 16 Tage darauf seinen Verletzungen. Die christlichsoziale »Reichspost« bezeichnet den Mordanschlag als »Befreiungstat«. Vor Gericht wird der Attentäter, der sich damit verantwortet, »aus sittlicher Empörung« gehandelt, und dabei angibt, nie eine Zeile des »Jugendverderbers« gelesen zu haben, vom ehemaligen Führer der österreichischen Nationalsozialisten, dem Rechtsanwalt Walter Riehl, unentgeltlich verteidigt. Er wird freigesprochen und wegen »Gemeingefährlichkeit« in psychiatrische Pflege überstellt, aus der er nach 20 Monaten als freier Mann entlassen wird.

Schwarz-Weiß-Rot: Während der Weimarer Republik die Farben der monarchistischen, nationalistischen und nationalsozialistischen Gruppierungen. Die per Verfassung festgelegten Flaggenfarben des Deutschen Reichs, *Schwarz-Rot-Gold*, werden von diesen als Verhöhnung der »nationalen Würde« betrachtet.

Abschied vom Grafen Sternberg

Im Juli 1925 wird Adalbert Graf Sternberg (1868–1930), »das Enfant terrible auf der parlamentarischen Bühne Altösterreichs«[4], wegen Beleidigung der Republik oder, wie es im amtlichen Kommuniqué heißt, »weil er sich über die gegenwärtige österreichische Staatsform, über die Regierung und über die öffentlichen Einrichtungen Oesterreichs in nicht wiederzugebenden Ausdrücken in einer Weise geäußert [hat], die sich kein Staat von einem Ausländer bieten lassen kann«, des Landes verwiesen.

»Fall Pruscha«: Am 4. März 1924 wird die 65-jährige Maria Eberl in ihrer Wohnung, Kölblgasse 26, ermordet aufgefunden. Ende November wird ihre 54-jährige Freundin, die unbeholfene Bedienerin Franziska Pruscha, von einem Geschworenengericht aufgrund von fadenscheinigen Indizien dieses Mordes schuldig gesprochen und zu 15 Jahren schweren Kerkers verurteilt. Der Tenor der skandalisierten öffentlichen Meinung: Justizirrtum; jener der linken Wiener Zeitungen, die eine Kampagne zur Revision des Urteils lancieren: Klassenjustiz. Eine von der Verteidigung eingebrachte Nichtigkeitsbeschwerde wird vom Obersten Gerichtshof im März 1925 verworfen. Nach Beibringung neuer Beweismittel wird der Prozess vom erstinstanzlichen Landesgericht für Strafsachen im Oktober 1925 wieder aufgenommen. Er endet mit einem Freispruch vom Vorwurf des Mordes sowie vom Vorwurf

des Totschlags. Allerdings wird Pruscha infamerweise wegen Diebstahls an Eberl zu einer sechsmonatigen Kerkerstrafe verurteilt, die durch die Haft jedoch bereits verbüßt ist.

»Kadivec«: Eine polizeiliche Hausdurchsuchung in der »Privatschule für moderne Sprachen«, Wien I., Biberstraße 9, schafft am 3. Jänner 1924 Klarheit darüber, welcher Art der »energische Unterricht [...] bei strengster Disziplin« ist, den Edith Kadivec in Zeitungsinseraten anbietet. Die »Sprachschüler« – darunter Herren aus den besseren und besten Wiener Kreisen – kommen, um gegen Bares wegen »mangelnder Lernerfolge« mit Peitsche, Rute, Rohrstock oder Riemen strengstens bestraft zu werden. Sie lassen sich's auch etliches kosten, um Vorführungen schulischen Versagens von Kindern mit anschließender körperlicher Züchtigung – die Kinder haben dabei den Hintern zu entblößen – entweder als Beobachter von einem Nachbarraum aus beizuwohnen oder als »Schulinspektoren« Teil der Inszenierung zu sein. Die Vorfälle in der »Sprachschule« der Kadivec und der auf Ende Februar anberaumte »Sadistenprozeß« sind *das* Tagesgespräch. Edith Kadivec wird am 1. März 1924 vom Schöffensenat am Wiener Landesgericht für Strafsachen des Verbrechens der »Schändung« und der »Verführung zur Unzucht« schuldig gesprochen und zu sechs Jahren schweren Kerkers verurteilt. Zwei der honorigen Mitangeklagten erhalten bedingte Freiheitsstrafen von sechs bzw. acht Monaten, der Rest geht straffrei aus.[5] In großen Teilen der über den Fall extrem polarisierten Presse ist von Klassenjustiz die Rede. Anton Kuh lässt sich in einem Stegreifvortrag zum »Schlüssellochguck-Prozeß« einen Tag nach der Urteilsverkündung über die österreichische Justizbürokratie, das »Schandurteil« und die »Verlogenheit, in der sich Polizei und Justiz die Hände reichten«, aus.[6] Edith Kadivec wird am 18. Dezember 1925 amnestiert.

Einer, der Wien haßt. Gegen die Überfüllung Berlins mit Wiener Kabarettiers

Max Herrmann (Neiße) ereifert sich anlässlich eines Gastspiels von Hermann Leopoldi und Fritz Wiesenthal im Nelson-Theater über die »Unart des spezifisch wienerischen Brettlbetriebs mit seinen superlativistischen Selbstanzeigen, durch Gemütlichkeitsgeste und Gefühlstöne gemilderte Anbiederungsmanöver«, über die »schmalzigen, charakterlosen Wiener Bonhomiedependancen in Berlin«.[7]

Der Wiener in Berlin und der Berliner aus Wien. Was ich nach einem Vortrag erlebte

Zum Hintergrund siehe Vorwort, Seite 13f.

Wien. Wie die Stadt war und wie sie ist

Mit der redaktionellen Vorbemerkung: »Nachstehenden Aufsatz sandte uns der bekannte Wiener Publizist Anton Kuh, der darin wie kaum ein anderer seiner Vaterstadt gerecht zu werden versucht.«

eine kleine tschechische Bedienerin: Franziska Pruscha (siehe Erläuterungen zu »Abschied vom Grafen Sternberg«, S. 228f.)

ein Schriftsteller, Herausgeber einer Wochenschrift: Hugo Bettauer (siehe Erläuterungen zu »Berliner Notizbuch«, S. 227f.)

»Der Breitner« – »D'r Breittnaa!«: Der sozialdemokratische Wiener Finanzstadtrat Hugo Breitner (1873–1946) führt nicht nur eine Wohnbausteuer ein, um den sozialen Wohnbau des »Roten Wien« zu finanzieren, sondern eine ganze Reihe von Abgaben auf Luxuswaren sowie Vergnügungen aller Art wie Theater und Ballveranstaltungen und ist seine ganze Amtszeit hindurch (1919–1932) Zielscheibe gehässiger Angriffe vonseiten der Christlichsozialen, deren Klientel er der massiven Steuerbelastung wegen verhasst ist. Kuh stellt im Mai 1926 in der Ankündigung eines Vortrags mit dem Titel »Der Breitner ist schuld!« unmissverständlich klar, dass er diesen Titel nicht »anders denn als Anführung der billigsten Wiener Schimpf-Phrase« aufgefasst haben will und keineswegs daran denke, »ins Horn des Massenärgers« zu stoßen.[8]

Was die Woche mir zuträgt. Tagebuch eines Angeschlossenen

Als Josephine Baker Anfang Februar 1928 in Wien eintrifft, formiert sich wieder jene Front, die kurz zuvor das christliche Abendland mit Stinkbomben und Juckpulver *in* den Aufführungen und Demonstrationen vor der Wiener Staatsoper *vor* und *nach* den Aufführungen von Ernst Křeneks »Negeroper« »Jonny spielt auf« schützen zu müssen glaubte. In unmittelbarer Nachbarschaft des Johann-Strauß-Theaters, wo die Baker ab 1. März dann doch auftritt, in der Paulanerkirche, findet am 11. März ein erster »Sühnegottesdienst« gegen die »Schlammflut von Unzucht und sogenannten freien Sitten« statt, der sich dem Empfinden von Christlichsozialen, Deutschvölkischen und Hakenkreuzlern nach über Wien ergießt und die gesamte Bevölkerung in den Abgrund des Verderbens zu reißen droht. Um dem »Argument« Nachdruck zu verleihen, dass die zur Schau gestellte Nacktheit die Unschuld der Jugend gefährde, wird in der Parlamentsdebatte über die Baker von der Rechten mehrfach die sogenannte »Steglitzer Schülertragödie« als drohendes Szenario beschworen. Der Hauptverdächtige in diesem Eifersuchtsmord unter Berliner Gymnasiasten, der Primaner Paul Krantz, steht im Februar 1928 vor Gericht. Kuh zitiert eingangs einen Text Franz Bleis, der am 14. März 1928 unter dem Titel »Besuch in Wien« im »Berliner Tageblatt« erschien.

Der Rundreise-Befreier. Karl Kraus übersiedelt nach Berlin

Zum Hintergrund siehe Vorwort, Seite 17.

Brief an eine Wiener Küchengehilfin

Zeitungsberichten zufolge ist der »Tathergang« genau so, wie Kuh ihn referiert: Nach einem Kino- und einem Kaffeehausbesuch im Prater geht die zweiundzwanzigjährige Küchengehilfin Franziska E. am 21. April 1928 auf dem Nachhauseweg gegen 1 Uhr nachts die Heinestraße (vormals Kaiser-Joseph-Straße) entlang. Der Wachmann Julian Burnadz fordert sie auf, sich auszuweisen. Ihre Antwort: »Ich heiße nichts, das geht Sie einen Schmarrn an, Mistelbacher! Suchen Sie lieber Einbrecher, mich lassen Sie in Ruh!« Burnadz erklärt sie daraufhin für festgenommen. Franziska E. widersetzt sich der Festnahme. Bei dem Handgemenge während der »Amtshandlung« wird ihr der Arm gebrochen. Ein Schöffengericht verurteilt Franziska E. am 2. Juni 1928 »wegen Verbrechens der öffentlichen Gewalttätigkeit« zu sechs Wochen schweren Kerkers.

Der Snob von Berlin

Mit der redaktionellen Vorbemerkung: »Stichworte der ›Stegreifconférence‹, die Anton *Kuh* kürzlich in der Berliner ›Komödie‹ gehalten hat.«

Zum Hintergrund siehe Vorwort, Seite 14f.

Die nicht erlahmende, neugiervolle Frage: »Wer ist Ferdinand Bruckner*?«:* Theodor Tagger (1891–1958) veröffentlicht unter dem Pseudonym »Ferdinand Bruckner« aufsehenerregende Stücke wie »Krankheit der Jugend« (UA 17. Oktober 1926, Hamburger Kammerspiele) und »Die Verbrecher« (UA 23. Oktober 1928, Deutsches Theater Berlin). Das Rätselraten um den »gesuchtesten« deutschen Dramatiker beendet Tagger bei der österreichischen Erstaufführung von »Elisabeth von England« am 20. Dezember 1930 am Deutschen Volkstheater Wien, bei der er sein Inkognito lüftet.

Nachruf auf ein Lokal

Zum Hintergrund siehe Vorwort, Seite 15ff.

»Wat will er?«. Führer durch Berliner Redensarten

Aboag: Allgemeine Berliner Omnibus AG (ABOAG).

Verwunderung gegenüber allen Veitstänzen auf Bühne, Tribüne und Podium: Anspielung auf Karl Kraus. Der ganze Text liest sich wie eine Coda auf »Der Rundreisebefreier« (der mit »›Wat will er??‹« endet).

Der Sohn der Wäscherin. Ein Denkmal für das alte Oesterreich – Wer steckt hinter Erich von Stroheim? – Die k. u. k. Monarchie im Film

Turf-Karolin': Stadtbekannte Prostituierte im Wien des ausgehenden 19. Jahrhunderts, die »besonders in Rennkreisen eine große Rolle spielte«.[9]

Österreicher gegen Österreich. Ein Brief an die Redaktion

»Österreicher gegen Österreich« ist eine anonyme Rezension im »Pester Lloyd« vom 8. Jänner 1931 überschrieben, und sie ist harsch: Derlei Spott und Hohn könne nur der Feder eines jener Wiener Literaten entflossen sein, die, ihrer Heimat entflohen und im Deutschen Reich, in Berlin zumeist, sesshaft geworden, sich nicht genug daran tun können, ihr Vaterland in schneidigem Ton zu verunglimpfen, »offenbar in dem Glauben, daß eine Verunglimpfung des Wieners in Berlin gefällt und die Anschlußidee durch schnoddriges Überdieachselansehen eine vorläufige Erledigung finden kann«. So habe nun auch Kuh »einige seiner Feuilletons, zu einem nicht immer duftigen Strauß gebunden, seinen Landsleuten an den Kopf geworfen«, darunter »überaus rüde Ausfälle gegen Österreich, und was weit trauriger ist, gegen den guten Geschmack«. Umso bedauerlicher, da ein Könner wie Kuh es doch nicht nötig habe, »sein Vaterland [zu] verulken« und »das eigene Nest [zu] verunreinigen«.

»Ich glaube an das A. E. I. O. U. Kaiser Maximilians«: recte: Kaiser Friedrichs III.

Diktatur des Jüngels

Zum Hintergrund siehe Vorwort, S. 18ff.

Ausspruch Krausens gegen meine Bearbeitung […], den ein anderes Stammtischschlieferl in einem Filmblatt offensichtlich auf Bestellung kolportiert:

»›Wissen Sie‹, sagte Anton Kuh, der Volksbühnenbearbeiter von ›Lumpazivagabundus‹, ›dieser Nestroy muß eine Mischung von Peter Altenberg und Anton Kuh werden.‹

Als Karl Kraus dies hörte, meinte er nur:

›… aber seit wann heißt denn Peter Altenberg »azivagabundus«!‹«[10]

Berlin ohne Geld

zur Zeit des Kapp-Putsches: Kapp-Putsch (Kapp-Lüttwitz-Putsch): ein vom preußischen Generallandschaftsdirektor Wolfgang Kapp und vom Reichswehrgeneral Walther von Lüttwitz angeführter Putschversuch reaktionärer Militärs gegen die SPD-geführte deutsche Reichsregierung und generell gegen die Weimarer Republik, der von 13. bis 17. März 1920 bürgerkriegsähnliche Verhältnisse im Deutschen Reich schafft.

Unsterbliches Kaffeehaus. Was gibt es Neues in – Wien?

Mit der redaktionellen Vorbemerkung: »Wir haben uns an unsere Mitarbeiter in den verschiedenen Hauptstädten gewandt, uns zu erzählen, was es – trotz der alles beherrschenden und alles verzehrenden Krise – dennoch Bemerkenswertes gäbe. Nachstehend der erste Artikel aus – Wien. Es dreht sich – wie war es anders zu erwarten? – ums Kaffeehaus, jene Einrichtung, die sich von Wien aus über Europa ausgebreitet hat.«

das alte Europe: siehe *»Café de l'Europe«,* Seite 27ff.

Wabruschek oder Das Genie und der Profoß

Nachgedruckt in: Vossische Zeitung, Nr. 49, 29. Januar 1933, MA [Berliner Ausgabe], Unterhaltungsblatt Nr. 29 [S. 2–3]]

im Jahre 1922: Sternberg wird erstmals per Erkenntnis der Wiener Polizeidirektion vom 27. März 1923 beständig aus der Republik Österreich »abgeschafft« – und zwar aufgrund des Verdachts [!], er habe gegen das Verbot der Herausforderung zum Duell verstoßen.[11]

Wien

Nach dem fünfundzwanzigsten Juli 1934: Der sogenannte »Juliputsch«, ein nationalsozialistischer Umsturzversuch, beginnt am 25. Juli 1934 mit dem Überfall von als Soldaten des Bundesheeres und Polizisten verkleideten SS-Männern auf das Bundeskanzleramt in Wien. Nach teils heftigen Gefechten zwischen Nationalsozialisten und den Streitkräften der Bundesregierung in der Steiermark, in Kärnten, in Oberösterreich und in Salzburg wird der Putsch bis 30. Juli niedergeschlagen. Unter den mehr als 200 Menschen, die bei den Kampfhandlungen getötet werden, ist Bundeskanzler Engelbert Dollfuß.

Ein schlechtes Thema

Zum Anlass siehe Vorwort, Seite 22.

Endnoten

1 Paul Busson: Hexensabbat. In: Neues Wiener Tagblatt, 55. Jg., Nr. 332, 4. Dezember 1921, S. 2–3.

2 Anton Kuh: Pimperlheroismus, in: Wiener Sonn- und Montagszeitung, 60. Jg., Nr. 47, 4. Dezember 1922, S. 4.

3 Karl Lahm: Die entsittlichte Stadt. In: Vossische Zeitung, Nr. 150, 28. März 1924, Morgen-Ausgabe [S. 2])

4 Anton Kuh: Wie Adalbert Sternberg aus Wien abreiste. In: Der Querschnitt, 5. Jg., Heft 10, Oktober 1925, S. 861–865, hier S. 861.

5 Zum Fall siehe: Harald Seyrl: Der Fall Kadivec. In: Edith Cadivec. Bekenntnisse und Erlebnisse. Hg. von Michael Farin. München 2008, S. 391–396.

6 Anton Kuh: Was ich sagte und was noch zu sagen ist. Eine Kadivec-Bilanz. In: Die Stunde, 2. Jg., Nr. 301, 5. März 1924, S. 3.

7 Max Hermann (Neiße): Berliner Kabaretts im März. In: Berliner Tageblatt, 55. Jg., Nr. 130, 18. März 1926, Morgen-Ausgabe [S. 2–3].

8 Anton Kuh: Mein heutiger Vortrag. In: Die Stunde, 4. Jg., Nr. 957, 19. Mai 1926, S. 7.

9 H. Montane: Die Prostitution in Wien. Ihre Geschichte und Entwicklung von den Anfängen bis zur Gegenwart. Hamburg, Leipzig, Wien 1925, S. 84.

10 Lulle: Wer aber ist ... In: Film-Kurier, 13. Jg., Nr. 122, 28. Mai 1931, nicht paginiert.

11 Ingrid Steuer: Adalbert Graf Sternberg (1868–1930). Persönlichkeit und Werk eines politischen Außenseiters im Alten Österreich. Phil. Diss. Universität Wien. Wien 1970, S. 140.

Personenregister

Editorische Notiz
Die Texte Anton Kuhs wurden auf Basis der Erstdrucke druckfehlerbereinigt konstituiert. Inkonsistenzen in der Schreibung initialer Umlaute (Ae/Ä, Oe/Ö, Ue/Ü) oder bei der S-Schreibung (ss/ß) schulden sich den unterschiedlichen Schreibungen der Druckvorlagen. Archaismen (ältere Sprachstände bzw. Lautungen) wie »Bureaukratie«, »gleichgiltig«, »Lüderjan«, »bajuvarisch«, »Bankerott«, »Fascismus«, »Chok« etc. bzw. vom heutigen Sprachstand abweichende Genera wie »das Bereich« werden nicht durch ein distanzierendes »[sic]« signalisiert. Spationierter Text (Sperrung) in den Druckvorlagen wird durch kursivierten wiedergegeben, Antiqua innerhalb der Fraktur ebenso.

WIEN KULTUR Mit freundlicher Unterstützung der Kulturabteilung der Stadt Wien, Literaturreferat

Verlagsbüro W. GmbH
info@metroverlag.at

Gesamtherstellung: Theiss Druck, St. Stefan i. L.
Printed in the EU
ISBN 978-3-99300-069-1